中国学术图书出版研究

刘志红 著

中国商业出版社

图书在版编目（CIP）数据

中国学术图书出版研究 / 刘志红著. -- 北京：中国商业出版社，2022.8
ISBN 978-7-5208-2171-1

Ⅰ. ①中… Ⅱ. ①刘… Ⅲ. ①科学研究工作-图书出版-研究-中国 Ⅳ. ①G239.2

中国版本图书馆 CIP 数据核字（2022）第 150339 号

责任编辑：黄世嘉

中国商业出版社出版发行
（www.zgsycb.com　100053　北京广安门内报国寺 1 号）
总编室：010-63180647　编辑室：010-63033100
发行部：010-83120835/8286
新华书店经销
北京虎彩文化传播有限公司印刷

*

710 毫米×1000 毫米　16 开　18 印张　330 千字
2022 年 8 月第 1 版　2022 年 8 月第 1 次印刷
定价：68.00 元

* * * *

（如有印装质量问题可更换）

序

  学术图书出版有着比其他类别的出版更高的要求、更严的规范，其发展任重而道远。学术图书出版是学术与出版的有机结合、互补与共赢的纽带；是认可学术成果、展开学术争鸣、推动学术创新的重要平台；是一个不断革故鼎新、自我突破、追求真理的过程。不同时代的学术出版活动记录了人类文化悠久绵长的历史。学术出版的目的是传播科学文化知识。图书作为学术图书出版的载体，为学术成果共享提供了可能。文化强国和科技强国建设，要求我国必须加快提升学术研究能力和水平，推动我国学术研究和科技创新面向世界前沿、面向经济社会发展主战场，加快原始创新，加强长期积累和持续攻关，实现我国学术和科技发展的重大突破。学术图书出版代表着一个国家和民族的思想文化水平和科学发达程度，也代表着一个国家和民族的整体出版实力，其重要性不言而喻。在推动文化繁荣兴盛的历史进程中，学术图书出版发挥着不可替代的重要作用。当今世界正处在大发展、大变革、大调整时期，文化在综合国力竞争中的地位和作用更加凸显，各种思想文化交流交融更加频繁。这个时候，思考如何提升中国学术图书出版产业竞争力具有重要的现实意义。

《中国学术图书出版研究》一书以我国学术图书出版为研究主体，具有以下几个方面的特点。

（1）与学术期刊评价体系及相关研究的快速发展相比，学术著作评价体系及研究领域一直是我国学术研究和评价领域中的薄弱环节，研究成果凤毛麟角。本书试图填补这方面出版图书的空白，对中国学术图书出版的发展进行开创性研究。

（2）系统梳理了中国学术图书出版改革开放以来经历的标志性发展历程。以史为鉴，探讨当前中国学术图书出版发展正面临的数字化转型及高质量稳健发展等机遇和挑战。

（3）整理和总结了中国学术图书出版发展中遇到的主要问题。借鉴新闻传播学、产业经济学等相关理论，从专业出版人的视角，对中国学术图书出版目前的发展环境、产业竞争能力等做了详细的研究和阐述。

（4）以国际上学术图书出版强国美国、英国、日本等为参照，系统梳理了中国学术图书出版产业发展中存在的优劣势，并且基于分析和研究结论，从国家、行业协会和学术图书出版企业运作等层面，对如何有效加快中国学术图书出版的发展，提升产业竞争力提出了建议。

刘志红是我的学生，我原想新闻传播学硕士的学习对她来说只是一个历程，没想到，硕士阶段的学习经历，会对她后来的职业生涯及人生之路有这么深远的影响。希望刘志红在以后的工作中能够继续关注和研究学术图书出版，发表更加丰富的研究成果，不负使命和担当，为繁荣我国学术图书出版研究，推动出版学科建设做出更大的贡献。

谢新洲

北京大学新媒体研究院院长，博士生导师

二零二二年四月十六日于北大燕南园

一部研究学术图书出版的潜心力作
（序）

老朋友——电子工业出版社原社长、现紫荆文化集团总经理文宏武打电话给我，要我给他的出版社老同事刘志红的一本即将出版的新书作序。由于信号不清楚，我莽莽撞撞地答应下来，结果作者把大样拿过来，才知道是一本研究学术出版的书稿，叫作《中国学术图书出版研究》。我暗暗叫苦：为出版研究方面的图书写序本来就是强人所难，而为研究学术出版的图书写序，这更是望而却步了。但是又想到"君子一言，驷马难追"的古训，就不好推掉了，只好硬着头皮接受下来。笔者倒是有个看似缺点的优点，接受的时候有些踌躇，一旦接受下来就得正襟危坐，进入角色。利用五一节假日期间，真正地把书稿读完了。何止读完，而且做了15到16页的笔记。

总的印象是刘志红同志这本著述还是扎实的、成功的，确实研究了当下我国学术出版方面存在的一些重要问题，是有"问题意识"的。其标志至少有三。

其一，看得出作者对学术和学术出版是敬畏的，是用学术态度做学术图书研究的，是下了一番真功夫的。比如，就学术图书的分类而言，在社会科学、自然科学的旗下，按选题系统分类，就有古籍型、引进型、原创型，原创型属于其中最重要、最给人希望、最具有竞争力的类别；按图书的结构来分类，有专著、文集、合集、丛书之区别；按图书用途则可分为专著型、高校教材型、参考手册或统计资料型；按主要读者群体分类，则有专家型与普及型；按市场接受的程度来分类，则有畅销型与非畅销型；按照信息载体的形式分类，则有文字型、地图集型、图画型、立体型；等等，可以说几乎穷尽了所有可能的分类，属于"应分尽分"吧。又比如，关于学术图书发展的环境分析，就有行业环境、传播环境、受众环境和科学环境的分类。从受众环境而言，又分为受众规模和区域结构及受众需求的特征。而在受众需求特征下面，又分出了阅读兴趣多样化、品质要求、从众心理、变化频次、购书方式等枝杈来。再比如，在学术图书出版的竞争力分析这一章，作者不惜脑力、笔力，借助于迈克尔·波特的钻石模型与企业战略分析的SWOT方法，仅中、美、英、德、日五国图书出版业竞争各项指标的对比表就值得细啃。产业基本状况就分为销售收入、销售收入占GDP比重、出版社总数、年出版新书总数。在生产要素状况中，仅人力资源又分为人口数、城市人口比重、大学生粗入学率、行业从业人数、经营人才整体素质等项目，而获得每个项目的准确数值，又需要花费多少工夫？其中的心血甘苦恐怕只有作者自己晓得。这真是应了马克思那句名言，在科学的探索上，没有平坦的大道可走，只有那在崎岖的小路上不畏艰苦、奋勇攀登的人才有希望到达光辉的顶点。列宁说，谁怕用功夫，谁就无法找到真理。可能作者的精神没有那么高大，但不是为了学位什么目的，只是做学术出版的业余自我加压，精神可嘉，堪为点赞！

其二，不只是有态度、用心思、下功夫，而且研究的方法也是比较科学的、卓有成效的。做好科研工作，找对方向，找好方位，肯下功夫，肯用气力固然是基本的前提，但是如果方法不对，少慢差费，也是难以达到初衷的。从书稿中，你能欣喜地看到作者的总体研究思路是严谨的、科学的，符合并严格遵守了论文的规律的。首先是在绪论里边回答了研究意义、研究现状、研究内容和研究方法，还有创新点与困难点。然后在第一章对何为学术、何为学术图书、何为学术图书的特征、何为学术图书的传播功能等系列基本概念进行了确认、规定和阐释，较好地遵循了形式逻辑的同一律要求。甚至对"学"和"术"做了拆解，引用了梁启超"学者术之体，术者学之用"的思想。对学术图书给予了界定，有专门性、系统性、理论性、创新性等特征。其次对于我国进入新时期、新时代以来学术出版的历史做了超常规发展、调整徘徊、新的增长、稳健发展等四个阶段的划分。在此基础上，对学术图书出版的成绩做了有限肯定。再次着重对学术出版存在的产品品质、资源配置、市场营销、核心能力等方面的主要问题进行了言之有据的分析、总结和批评。最后又在中外学术图书主要数据出版的比较基础上，提出了推动和促进中国学术图书出版的若干对策，其中从国家政策、行业协会、企业自身三个维度方面的建议，不乏有价值的见解和良策。

特别要提出的是，作者在书中阐述、论证自己的观点时，使用了不少的案例，但是更多的是全面性、时效性、准确性的数据使用。200多页的图书用了大小图表70多个，有一份图表竟然用了十多个页码，而且每个图表的制作都是非常严谨的，一些排比式的论述和叙述也尽可能采取了图表式的表述，一目了然，容易辨析。这些数据时效新、数量准、类别全，一定程度上起到了全面性分析的效果。列宁说，全面性的要求，也许我们并不能够完全做到全面性，但至少能够减少片面性。大的逻辑框架的遵循和全面的数据图表的使用，使得整个书稿的综合性描述比较翔实，分析性阐述比较清晰，问题性对策比较给力。

其三，敬畏的态度，肯下功夫的努力及遵循科学的研究方法，确实得出了一些比较可靠的结论。这些结论对于在新时代推进我国的学术图书出版与文化强国、出版强国相衔接，不无裨益，很有价值。当一部书稿的作者肯下功夫，用气力，方向对头，方法又得力之时，那么，找出存在的问题与他获得期待的科研成果、科研业绩就应该是水到渠成的吧。的确如此，从提出的几条问题能看出，实际上她紧紧地把问题的提出与解决联系在一起。

比如作者认为学术图书出版的核心能力弱。表现至少有四个方面：一是出版界与学术界之间联系不紧密。如有联系，也是零散的、间断性的、非持续化的，更谈不上结为命运共同体。二是普遍缺乏与学术著作出版相匹配的学术编辑，编辑自从毕业以后，再次学习的机会很少，学养又不足，学术化程度较低，策划和加工能力趋弱，造成了书稿和审稿质量的下降。三是出版企业发展动力不足，改革不到位，体制和机制问题尚未完全解决。没有实质性的生存威胁，企业化的管理难以落地，没有形成较好的激励机制。四是出版资源未能充分利用，一本较好的学术图书往往过早地退出市场，营销专业化程度很低，不考虑学术图书的目标受众与覆盖的范围。出版企业尚未建立相应的读者群数据库、作者数据库和书评数据库等，尚未形成相应的图书馆认可方案及俱乐部制度。应该注意到，基于网络的书内搜索技术为学术出版提供了新的销售方式等。作者梳理的这些问题，都点到了学术著作出版问题的穴位，甚至为培养骨干学术编辑指出了方向。

在肯定这部关于学术图书出版研究专著质量的同时，也想尝试性地指出一些问题,与作者商榷。比如,虽然新时期以来,在划分学术图书出版的四个阶段时点到了学术图书出版的一些成绩,但毕竟是在讲阶段划分,没有也不可能展开这些年我们在学术出版方面的主要业绩。应该有专门的章节,比如在第三部分把成就讲得充分一些,同时也把问题讲透、把分析讲深。

其次,如果把文稿仔细读下来,就会发现前面所提出的一些重要的问题,在对策、建议部分没有给予相应的应答和回应。有些逻辑不对称的缺憾,还是应予以补救或者完善。

最后,有些用语分寸感稍欠妥。比如第 7 章讲的中国学术图书出版企业缺乏特色,甚至毫无特色。这就有言辞过重的嫌疑,过与不及都会影响学术严谨性和它的严肃性。但是瑕不掩瑜,这仍然是我近期以来读到的一本关于学术图书出版研究的力作。向作者表示祝贺和期待,也算完成了文宏武同志的委托和交代。

是为序。

中国编辑学会会长

郝振省

2022 年 5 月 8 日

FOREWORD 前言

2020年以来，突如其来的新冠肺炎疫情让新时代出版写下惊心动魄的华章。这几年来，我国出版业认真落实中央高质量发展精神，呼应时代之需，面对疫情种种考验，不惧风雨，不畏艰险，用汗水浇灌收获，以实干笃定前行，用优秀的纸质版、电子版、数字网络版图书传播知识，使出版业依然在高质量发展路上阔步前行，创造了许多令人瞩目的成就，彰显了广大出版发行人崇高的责任和担当。

回首望，改革开放以来，中国的学术图书出版产业留下了太多的曲折和辉煌，也留下了太多的记忆和回想。

学术图书以其一般具有的科学性、理论性、专业性和系统性，其出版具有极高的社会效益。具体表现在以下几个方面。

一、对重大科研专项的研究成果进行总结与展望，对学科研究具有重大的理论价值和现实意义；

二、突出原创与创新创造，推动高质量发展，通过提炼与总结原创性科研成果，能够更好地服务国家、服务人民、服务人类；

三、展示国家形象，贡献中国智慧，学术图书"走出去"，可向世界展示中国科研现状和成果，增进面向世界科技前沿的学术交流与合作，促进全球经验共享。

在这个特殊的历史节点，中国学术图书作为促进学术思想传播，人类文明、科技发展过程中不可或缺的组成部分，近些年来在融合发展、全民阅读、版权"走出去"等方面一直在推陈出新。另外，以数字出版为代表的数字内容产业也迎来了空前机遇，并迅速崛起，成为发展数字经济的重要着力点。2020年，数字产业规模超过万亿元，溢出效应更大。数字内容产业作为一个新兴产业在世界舞台上越来越重要，具有巨大的产业爆发力和影响力。

这些年来，广大学术图书出版企业将文字、音频、视频、AR/VR等各种产品内容形态统一布局，加大了新媒体、融媒体产品、平台接收终端的开发和创建力度，正取得一定的成效。

2020年1月以来，新冠肺炎疫情的发生对中国出版发行行业也产生了一定的冲击。面对疫情，部分学术图书出版企业加速线上发行渠道的建设和拓展，加大网站、微信小程序订阅、新媒体直播营销等方式进行品牌传播及销售。疫情对消费者行为习惯的影响也进一步促进传统文化企业线上线下融合。

进入新发展阶段，中国学术图书出版面临着史无前例的挑战和机遇。因此，对学术图书出版进行研究具有深刻的现实意义。

本人对学术图书出版的研究缘起2001年。不经意间，时间已经轮回21年。中国的出版业也已经从纸媒时代跨越到新媒体时代，学术图书出版应努力适应新环境，拥抱新技术，迎接新挑战，使中国学术图书出版的核心价值得以体现，实现社会效益和经济效益齐头并进……

本书从新闻传播学和经济学的视角，通过调查研究、比较研究及现状分析等研究方法对中国学术图书出版产业存在的问题、发展环境、竞争态势等问题进行了实证研究，并对评价结果进行了分析，在此基础上提出了加快中国学术图书出版产业发展的几点建议，以期为中国学术图书产业的发展添砖加瓦，献计献策。

具体而言，本书分为以下几部分对"学术图书出版"这个研究对象做了一定的探索。

第1部分（绪论），主要关注本次研究的意义、现状、内容、方法、创新点及不足之处。

第2部分（第1章），阐明学术图书的定义、特点、类型，分析其出版功能。

第3部分（第2章），回顾改革开放以来中国学术图书出版的发展历程，详细分析不同阶段发展中出现的问题及相应的对策，并且对各个阶段中国学术图书出版状况给以客观的评价。

第4部分（第3、4、5、6章），主要是针对国内外学术图书出版产业进行具体研究。从学术图书出版发展中遇到的主要问题，出版行业、传播者、受众、科技等发展环境分析，竞争能力评价，中外学术出版产业发展现状对比出发，对中国学术图书出版现状、优劣势、发展的内外部环境，以及其发展关键影响因素等进行比较深入的剖析。

第5部分（第7章），主要从国家、行业协会和学术图书出版企业运作等层面，提出加快中国学术图书出版的发展，提升产业竞争力的几点建议。

附录A，图表索引及相关网站信息。

附录B，学术图书出版面面观。主要从学术图书读者、作者、出版社资深编辑层面来记录相关专家和学者对学术图书出版的思考，以期给本书的阅读者带来一个从不同侧面认识学术图书出版的借鉴素材。

附录C，学术图书质量评价指标部分。针对如何保证学术图书的出版质量，节选2018年社会科学文献出版社出版的《学术出版研究：中国学术出版能力评价》相关评价指标信息，以期为同行优化学术选题质量，全面提升学术图书选题质量和水平，提供参考借鉴。

在本书的写作过程中，感谢电子工业出版社原社长文宏武老师的信任和支持，以及对本书书名的确定及指导。感谢我的导师北京大学谢新洲教授数次利用周末时间，无私地指导本书的创作，提出宝贵的建议，严格要求和督促我完善本书的内容。感谢中国编辑学会会长郝振省老师，亲赠主编的《中国近代新闻出版史》，鼓励我坚持创作和完善图书，并对本书做了一定的政治把关。感谢电子工业出版社总编办刘娴庆主任，赠阅《中国出版年鉴2020》和《中国出版年鉴2021》，让本书研究的数字更加精确。感谢电子工业出版社市场部邵华，是她给我开通了在家阅读开卷数据信息的账户，为本书的研究创造了便利的条件。感谢中国商业出版社的黄世嘉编辑和本书出版相关流程的同行，是他们不厌其烦的鼓励和支持，才能够使这本书顺利面世。更要感谢无数的学术出版同行、读者、作者的鼓励和大力支持。感谢你们以智慧和经验，将我的思考推向深入，你们的部分精彩建议和思考也已经收录于本书的《学术图书出版面面观》附录部分。另外，在本书的撰写过程中，学习和引用了学界大量的优秀的研究成果，谨向这些优秀的学术成果的作者表示我最衷心的感谢。

期待本书能够对新闻出版专业的学子和学术图书出版行业相关从业人员有一定借鉴和参考价值。也衷心希望本书的抛砖引玉，能够使更多的学者和专家关注学术图书出版，共同携手创造中国学术的美好未来！

鉴于本书作者水平有限，书中难免存在许多不足和不当之处，敬请广大读者批评指正（lzhmails@163.com）。

作者

2022年4月26日

CONTENTS 目录

绪　论 / 1

一、研究意义 …………… 3
二、研究现状 …………… 4
三、研究内容 …………… 8
四、研究方法 …………… 9
五、创新点 …………… 11
六、研究不足之处 …………… 12

第 1 章　面向小众的学术图书出版 / 14

1.1 学术图书的定义 / 14
　1.1.1 "学术"的定义 / 14
　1.1.2 学术图书的定义 / 19
1.2 学术图书出版的特征 / 20
　1.2.1 产品特征 / 20
　1.2.2 学术图书出版的双重制约特征 / 22
1.3 学术图书的分类 / 24
　1.3.1 按创作的学科领域分类 / 24
　1.3.2 按选题资源分类 / 26
　1.3.3 按图书结构分类 / 27
　1.3.4 按图书用途分类 / 29
　1.3.5 按主要读者群体分类 / 30
　1.3.6 按市场接受程度分类 / 31
　1.3.7 按信息载体形式分类 / 31

1.3.8 按传播载体形式分类 / 32
1.4 学术图书出版的传播功能 / 34
1.4.1 学术价值的传播 / 34
1.4.2 促进出版产业繁荣 / 35

第2章 改革开放以来中国学术图书出版发展历程回顾 / 36

2.1 学术图书出版：超常规增长阶段（1978—1985年）/ 37
 2.1.1 计划经济色彩浓 / 38
 2.1.2 学术图书供不应求 / 39
 2.1.3 出版社处于附属地位 / 39
2.2 学术图书出版：调整和徘徊阶段（1986—1995年）/ 41
 2.2.1 以书养书 / 42
 2.2.2 提高学术图书定价 / 42
 2.2.3 设立学术图书出版基金 / 43
 2.2.4 准许协作出版和自费出版 / 44
2.3 学术图书出版：新的增长阶段（1995年—2017年）/ 45
 2.3.1 出版社加强宣传推广 / 46
 2.3.2 学术图书内容策划逐步大众化 / 47
 2.3.3 发行渠道的增加 / 48
 2.3.4 品牌竞争凸显 / 50
 2.3.5 引进及输出版权活跃 / 51
2.4 学术图书出版：稳健发展阶段（2018年至今）/ 52
 2.4.1 出版企业特色发展，各学科学术图书出版发展不均衡 / 53
 2.4.2 业界期待高质量、高水平的精品力作 / 62
 2.4.3 学术图书出版产业外部宏观环境深刻变革 / 63

第3章 中国学术图书出版的主要问题 / 65

3.1 学术图书产品缺陷 / 66
  3.1.1 产品品质存在缺陷 / 67
  3.1.2 产品结构不合理 / 68
  3.1.3 产品价格不合理 / 68
3.2 学术图书出版资源配置不合理 / 71
  3.2.1 市场对学术出版资源配置的作用不大 / 71
  3.2.2 学术出版产业集中程度低 / 72
  3.2.3 出版资源未得到充分利用 / 97
3.3 学术图书市场营销不够 / 98
  3.3.1 营销力度不够 / 98
  3.3.2 营销专业化程度低 / 99
  3.3.3 学术图书分销渠道管理混乱 / 100
  3.3.4 品牌营销意识薄弱 / 100
3.4 学术图书出版核心能力弱 / 101
  3.4.1 出版界与学术界联系不紧密 / 101
  3.4.2 缺乏高水平的学术图书编辑 / 101
3.5 其他影响学术图书出版发展的因素 / 102
  3.5.1 发展动力问题 / 102
  3.5.2 产业结构性障碍 / 103
  3.5.3 市场环境问题 / 103
  3.5.4 管理水平落后 / 104

第4章 中国学术图书出版发展环境分析 / 105

4.1 出版行业环境 / 105
  4.1.1 整体状况 / 105
  4.1.2 学术图书出版环境 / 120
4.2 传播环境 / 126
  4.2.1 现有学术图书出版企业 / 126

4.2.2 现有学术图书流通渠道 / 137

4.3 受众环境 / 140
 4.3.1 受众规模和区域结构 / 140
 4.3.2 受众需求特征 / 144

4.4 科技环境 / 146
 4.4.1 电子出版为学术图书出版发展带来新机遇 / 146
 4.4.2 按需印刷技术为学术图书出版提供新出版方式 / 147
 4.4.3 基于网络的书内搜索技术为学术图书出版提供新销售方式 / 147

第5章 中国学术图书出版竞争能力分析 / 149

5.1 产业分析的 SWOT 方法 / 149
 5.1.1 SWOT 分析的原理 / 150
 5.1.2 SWOT 分析的过程 / 151

5.2 产业竞争力理论在学术出版环境下的关键成功因素分析 / 152
 5.2.1 迈克尔·波特的产业竞争力理论 / 153
 5.2.2 中国学术图书出版产业关键成功因素分析及主要发现 / 154

5.3 中国学术图书出版产业竞争能力分析 / 168
 5.3.1 优劣势分析 / 168
 5.3.2 存在的机会与威胁 / 174
 5.3.3 竞争态势分析 / 175

第6章 中外学术出版产业发展现状比较分析 / 179

6.1 美国学术出版产业发展现状 / 179
 6.1.1 产业高度集中 / 180
 6.1.2 市场深度细分 / 180

6.1.3 销售针对性强 / 181
6.1.4 出版社寻求出版物资助 / 183

6.2 英国学术出版产业发展现状 / 184
6.2.1 小型出版公司彰显特色，大型出版社实力雄厚 / 184
6.2.2 学术出版主体资源国际化 / 186
6.2.3 全方位的学术图书市场销售网络 / 186
6.2.4 注重学术图书及其附属产品市场的全方位开发 / 187

6.3 日本学术出版产业发展现状 / 188
6.3.1 编辑出版、经营高度信息化，产业集中 / 188
6.3.2 学术图书的电子化通路 / 189
6.3.3 "一鱼二吃"提升学术出版经济效益 / 190
6.3.4 注重学术书刊的外在包装 / 191

6.4 中外学术图书出版产业发展现状比较 / 192
6.4.1 中国学术图书出版产业缺乏实力雄厚的大型出版企业 / 192
6.4.2 中国学术图书出版企业缺乏特色 / 193
6.4.3 中国学术图书出版销售缺乏针对性 / 194

第7章 促进中国学术图书出版发展的建议 / 196

7.1 国家应高度重视学术图书出版工作 / 196
7.1.1 给学术图书出版企业足够的优惠政策 / 196
7.1.2 推行学术图书出版分类管理 / 198
7.1.3 完善学术图书出版制度 / 199
7.1.4 倡导全民阅读 / 200

7.2 出版行业协会增强专业服务功

能 / 201

7.3 学术图书出版企业促进自身在市场竞争中发展壮大 / 203

7.3.1 加大市场营销力度 / 204

7.3.2 合理利用学术出版资源 / 210

7.3.3 实施精品战略 / 214

7.3.4 应用长尾理论发展学术图书出版产业 / 215

7.3.5 国际传播，落地生根 / 217

结　语 / 219

参考文献 / 222

附录A　图表索引及相关网站信息 / 235

附录B　学术图书出版面面观 / 242

附录C　学术图书质量评价指标 / 259

后　记 / 265

绪　　论

本书所讲的中国学术图书出版，研究对象特指改革开放以来中国学术图书出版主体。

改革开放40多年来，中国出版在图书出版、管理体制改革、融合发展、全民阅读、出版"走出去"等方面推陈出新，稳步发展，用层出不穷的精品出版物全面呈现了改革开放以来中国经济、社会、时代的发展和变迁。在实行科教兴国的基本国策下，科学研究繁荣发展，科研创新成果不断增多，既促进了经济社会的发展，又为出版繁荣提供了重要的内容资源。近年来，中国的研发开支大幅增长，从2000年的896亿元增长到2020年的24893亿元，位居世界第二，仅次于美国。根据国家统计局数据，1978—2020年，我国GDP总量从0.37万亿元跃升至100万亿元，实际增长了269倍多。综合国力的大幅提升是出版业快速发展的前提和基础。中国出版业自身也有了长足的进步，建立了相对完整的出版体系，初步适应了我国经济和社会发展，中国已经成为世界上当之无愧的中文出版物市场大国。2017年以前，出版图书品种逐年递增，每年出版新书近30万种。

2017年3月，为认真落实中央《关于推动国有文化企业把社会效益放在首位、实现社会效益和经济效益相统一的指导意见》的要求，让更多优秀出版物满足广大人民群众精神文化需求，国家新闻出版广电总局决定2017年进一步加大出版管理力度，下发《关于开展出版物"质量管理2017"专项工作的通知》，中国图书出版走上了高质量发展的新征程。自2018年开始，新书品种有逐年下降的趋势。到2021年年底，年出版新书品种19.33万种，市场上图书动销品种数达223.27万种。图书出版企业由追求数量增长转向质量提升的效果明显。

与美国、英国、日本等出版强国相比，中国出版业的市场结构相对不合理，总体表现是，中国出版业的年产值和利润过于依赖教育出版。据原国家新闻出版总署副署长邬书林（现任中国出版协会第七届理事会理事长）介绍：中国专业图书出版市场份额尚不足10%，能够反映世界学术前沿状况的图书专著就更少了。这跟国外学术图书出版现状比起来，中国在学术图书出版领域的理念、盈利模式和营销方式仍有待更新和完善，创新任务很重。解决了这个问题，中国出版业必将发展出新的增长领域。[①]

学术为天下公器，学术图书无疑是现代人类得以传承其文化和学术思想精华价值的重要思想载体。学术图书出版也一直是知识界和出版人挥之不去的情结，其市场发展及现状则往往是直接衡量一个民族、一个国家出版业水平的重要参考指标。历史前进的车轮已经徐徐驶入21世纪，使得中国学术图书出版业赖以生存和发展的环境发生了深刻且重要的变化。面对社会主义文化事业体制改革的逐步推行，处于重大变革期中的中国学术图书出版必将面临诸多新时代的重要挑战和历史性机遇，也不可避免地会出

---

① 邬书林. 中国出版业应有更大的发展——国家新闻出版总署副署长邬书林在"2005北京国际出版论坛"上的专题报告 [R]. 2005.

现新时期的问题。学术图书出版管理是完全独立存在于传统商业机制之外进行的，还是可以完全只依赖学术市场这只"看不见的手"来配置图书资源？抑或应该在进行学术图书资源出版工作里实行特色的学术图书出版市场机制？如何将中国学术图书出版的发展与自主创新国家战略融合，亟待中国出版界解答。

一、研究意义

出版的最初定义是通过传播世界的科学文化和信息来传达人类的思想和情感。正是由于对传播学术精神的广泛需要，才有了最初形式的图书出版机构和图书。换而言之，学术成果传承是我国出版业迅速诞生、发展成熟的一项关键推动因素，也是现代出版业工作的一个永恒的主题。因此，学术图书出版应该是当前图书出版业的重要工作。只要有出版业的存在，就不可能离开或抛弃学术图书出版。学术图书出版也应该是中国现代学术出版业发展中应该出现的题中之义。学术图书和出版之间的关系也必然是不离不弃的。即便我们生活在如今这个市场经济时代，即使学术道路上的清贫对追逐经济利益的脚步有所牵绊的时候，也同样应该如此。

学术，在大多数人看来，不仅是枯灯冷凳、深巷陋室中的箪食瓢饮，深不可测，还是象牙塔或高墙内的名篇经典、阳春白雪，高不可攀。的确，学术代表和承担了知识分子人生探索的使命和责任，其高贵的学术品质，凛然而神圣得不可侵犯。因此，学术图书出版，作为学术信息收集、积累、传播、共享的平台载体和社会文化知识展示及交流载体的传播媒介，理应得到社会的广泛关注和力行。

然而，随着市场经济和体制改革浪潮的席卷而来，发展中的学术图书出版由于其利润相对较低，读者面相对"小众"，被出版业界认为是一块难啃的骨头，在发展上，与教育出版和大众出版相比，较为迟缓。各种问题扑面而来：学术图书出版到底要出版什么产品？学术图书出版处于发展的什么阶段？学术图书出版是否泡沫化？发展潜力和发展方向在哪里？如何增强中国学术图书出版产业的国际竞争力，促进其进一步健康、持续发展？作为学术交流系统的重要组成部分和出版业的一个永恒主题，学术图书出版面临的这一系列发展中的困惑开始浮上水面。

笔者在查阅相关文献资料，参考出版业相关学术网站信息，对国内外研究现状进行较长时间的关注与追踪的基础上，试图利用现有新闻出版研究的最新成果及相关经济学理论，对中国学术图书出版现状进行系统归纳和评价。主要包括：对学术图书产品的定义、分类、特征、出版功能；改革开放以来，各个历史时期中国学术图书出版的发展状况和特点；现阶段存在的问题；中国学术图书出版传播者、受众及国内外最新发展趋势等环境分析；将中国学术图书出版置于整个图书出版行业大环境中，利用产业结构分析的SWOT方法和产业竞争力理论，对中国学术图书出版的竞争能力进行初步的分析和研究，提出了几点发展中国学术图书出版的建议。希望本书的研究能起到"抛砖引玉"的作用，引起更多图书出版业界及新闻传播学界的学者和专家，对学术图书出版发展的关注和研究兴趣。

二、研究现状

在国外有关出版业的文献中，很少有人从理论上来探讨学术图书出版产业竞争力和学术出版发展理论的。关于这方面的研究散见于编辑出版、行业分析等领域，缺少系统的归纳和总结。

1985年，日本学者合田洋一正式出版了《新闻学概论》一书。该书汇集了日本传播和出版业界19位知名专家的理论、实践及研究成果，以出版的理论与实践为基础，从新闻史学、出版新闻法学、读者学、广告学等多个角度对出版学原理和基本理论进行了深入和细致的探讨，对学术图书出版的研究具有较高的史料和学术参考价值。①

1997年,汉斯·赫尔穆特·勒林再版了《现代图书出版导论》经典著作。这本经典著作重点介绍了出版社工作人员的实际情况,尤其是编辑工作任务的完成,以及图书产品生产的全过程,对研究学术图书出版生产过程具有较高的参考价值。②

总之,由于在国外,新兴的多元化出版创意产业模式和国际出版产业集团格局的形成是需要经过自由竞争之后,逐渐趋于完善的过程。因此,很少有人只从研究出版领域产业结构合理性及其调控规律的专业角度来对学术图书出版这一细分产业做理论研究的,他们往往只是系统地描述和分析整个文化出版产业。

在中国,把学术图书出版作为理论研究课题进行研究的成果也不多。

因此,1989年年初,原国家新闻出版署批准开展《中国出版业产业政策研究》科研课题的研究,特意将《学术著作出版发行问题》列为国家相关子课题之一,组织了《学术著作出版发行问题》课题的研究。

1991年5月,苏世生(科学出版社原总编辑)、王明阳编审等同志提交了《学术著作出版发行问题研究报告》。《学术著作出版发行问题研究报告》这一科研成果被纳入湖北人民出版社正式出版的《中国出版业的发展与经济政策研究》。毫无疑问,《学术著作出版发行问题研究报告》是中国出版业第一次系统地、有组织地对学术图书出版进行研究的总结成果。

1999年4月,为了促进学术图书出版产业的发展,在桂林举办的中国学术图书发行研讨会上,与会专家集中讨论了中国学术图书发展现状、发行难点及今后的发展思路,在图书行业引起了广泛的关注。此次中国学术

---

① 和田洋一. 新闻学概论 [M]. 北京:中国新闻出版社,1985.
② 汉斯·赫尔穆特·勒林. 现代图书出版导论 [M]. 北京:商务印刷馆,2000.

图书发行研讨会是由《中华读书报》社等单位主办、广西师范大学出版社承办的。

2006年1月9日，博览群书杂志社联合《文汇读书周报》《新京报书评周刊》《中华读书报》主办了"学术著作出版推广研讨会"。在这次研讨会上，来自出版社、书店、媒体的代表及专家学者，一起探讨了中国学术著作出版的现状、未来及存在的问题。与会专家指出："一个人、一个国家、一个民族，不能没有理性思维。而理性思维的重要来源就是读书，尤其是阅读学术著作。目前，我们的学术图书的出版发行状况总体看来不尽如人意，学术图书出版未来的发展是既饱含希望，又有所忧虑的，建立通畅的学术著作发行渠道应该引起出版人的高度重视。[①] 这对学术图书出版的研究有一定参考价值。"

在对学术图书出版现状研究上，2007年8月11日，《中国图书评论》记者王倩走访了北京大学中文系主任温儒敏、中国社科院哲学研究所研究员叶秀山、北京大学中文系教授陈平原、北京师范大学史学研究所所长龚书铎、中国社会科学院外国文学研究所所长陈众议、北京大学经济学院院长刘伟等多位专家和学者，在采访和调查研究的基础上，发表了《学术出版，学术之幸抑或痛?》[②]《学术普及，学术的第二类姿态?》[③]，这两篇稿件主要从学术图书出版的受众角度，对当时中国学术图书出版是泡沫还是繁荣，学术出版是难还是易，学术出版是否需要社会评价机制等多方面，对学术出版的现状进行了较为深入、全面的分析。

2018年，社会科学文献出版社出版了《学术出版研究：中国学术图书质量与学术出版能力评价》。这是"中国学术图书质量分析与学术出版能

---

① 字秀春.专家研讨学术著作的出版与推广 [N].光明日报，2006-01-26.
② 王倩.学术出版，学术之幸抑或痛？[J].中国图书评论，2007-08-11.
③ 王倩.学术普及，学术的第二类姿态？[J].中国图书评论，2007-08-11.

力建设"课题的结项成果（项目号：14AXW006）。该书在厘清学术出版的内涵及外延、梳理学术出版基础性行业数据、构建学术出版能力评价指标体系的基础上，提出繁荣发展中国学术出版的对策与建议。该书指出，中国学术作品出版项目多、学术翻译作品经久不衰、中外学术交流与出版合作关系密切等优势。同时，它也受到许多因素的制约，例如，投入产出效率不均衡现象严重、数量与整体质量发展失衡、专业化水平低等因素制约。①

此外，其他关于学术图书出版的研究成果要么侧重于分析实际，要么提出对策，缺乏理论的支持。

学术图书出版跨越两个相对独立但密切相关的领域：学术研究和图书出版。它不仅是学术精神广泛传播的重要组成部分，也是出版业的重要组成部分，位于两者的交叉点。可以说，学术图书出版的质量，往往是由学术和图书出版的互动关系共同决定的。

在市场经济时代，图书是特殊的商品，学术图书在商品中是特殊中的特殊，但它仍然是商品。也正是因为学术图书是特殊的商品，受计划经济向市场经济体制转变的驱动，学术图书的生产和销售存在诸多困难，导致图书质量下降，读者购书困难，出版单位图书销售困难等困境。毫无疑问，这与学术图书量小面窄的特性有关，也与中国经济和文化的背景和环境有关。学术图书的营销运作没有到位，出版企业的营销市场化程度不高。如何利用和整合市场资源来促进学术图书生产和日常消费之间的良性互动已成为学术图书研究的关键，这也正是现代市场营销的核心课题。

正是基于以上认识，本书将聚焦于学术图书的定义、分类、发展历

---

① 谢曙光. 学术出版：中国学术图书质量与学术出版能力评价 [M]. 北京：社会科学文献出版社，2018.

程、存在的问题、学术图书出版的行业环境、传播环境、受众环境、科技环境,采用新闻传播学、经济学等相关理论,对中国学术图书出版的发展进行开创性研究。

三、研究内容

本书大体分为 5 个部分,思路如图 0-1 所示。

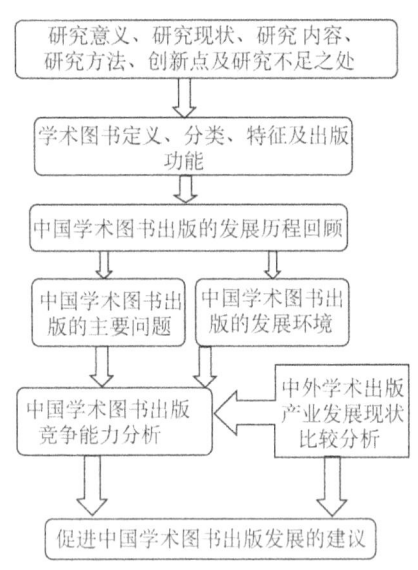

图 0-1 研究内容结构

第 1 部分即绪论。主要介绍学术图书出版研究的意义、现状、内容、方法、创新点及研究不足之处。

第 2 部分即第 1 章。主要归纳和综合阐述了学术图书的定义、特征、类型及出版功能等,以期对学术图书出版及其产品有比较全面的认识。

第 3 部分即第 2 章。主要是针对改革开放以来,中国学术图书出版的发展历程及其主要市场特征、采取过的发展措施做一些简单的回顾和评价,从历史中找到可以借鉴的发展思路。

第 4 部分即第 3、4、5、6 章。主要是针对国内外学术图书出版产业进行具体研究和归纳分析。包括：学术图书出版发展中遇到的主要问题，传播者、受众、科技等外在发展环境分析，竞争能力评价，中外学术出版产业发展现状对比等，厘清目前中国学术图书出版产业发展的优劣势，所存在的内外部环境，以及其关键影响因素。

第5部分即第7章。主要从国家、行业协会和学术图书出版企业运作等层面，提出加快中国学术图书出版的发展，提升中国学术图书出版产业竞争力的建议。

附录A即图表索引及相关网站信息。

附录B即学术图书出版面面观。主要从学术图书读者、作者、出版社资深编辑层面来记录相关专家和学者对学术图书出版的思考，以期给本书的阅读者带来一个从不同侧面认识学术图书出版的借鉴素材。

附录C即学术图书质量评价指标部分。针对如何保证学术图书的出版质量，节选2018年社会科学文献出版社出版的《学术出版研究：中国学术出版能力评价》相关评价指标信息，以期抛砖引玉，为相关专家和学者研究学术出版质量评价指标提供参考和借鉴资料。

四、研究方法

学术图书出版是图书出版的主要工作之一，具有所有图书出版的共性特征。与此同时，学术图书出版的发展与所有产业的发展一样，遵循一定的发展规律。因此，在理论准备上，本书将以传播学、经济学基础理论为出发点，在整个图书出版行业环境研究框架下，依据相关理论与实践成果，在分析学术图书出版细分市场的基础上，选择改革开放以来中国学术图书出版产业为研究对象，对学术图书出版的发展历程、存在的现实问题、面临的发展环境，以及竞争能力等进行实证分析和研究。

本书主要运用了以下研究方法。

1. 自然观察与调查相结合

对学术图书出版进行研究是一门应用性很强的研究。所以，笔者在日常出版实践工作和相关学习中，注意对学术图书出版存在的各种现象加以观察描述，据此对学术图书的定义、类型和特征进行了比较详细的阐述。

另外，在本书研究之初，笔者便通过以下两个途径进行资料收集：其一是通过文献整理及访谈的形式，对改革开放以来，中国学术图书出版发展历程、存在的问题、发展现状进行归纳和整理，并尝试性地对中国学术图书出版的发展历程进行了归纳；其二是通过登录中华传媒网、新闻出版教育网、中国图书评论网、中国互动出版网、人天书网、学术批评网等新闻出版专业网站、论坛，关注学术图书出版走势，在论坛中注重与部分读者和专业人士交流，收集了部分观点。另外，购买或借阅了多年的《中国出版年鉴》，以及查阅开卷相关信息，整理了学术图书出版的经济信息资料和相关数据，为本书深层次的调查和研究做准备。

2. 定性分析和定量分析结合

学术图书出版活动往往会产生大量与出版有关的最终统计数据。分析这些统计和经济数据，可以发现学术图书出版活动中存在的问题，预测出其发展方向。本书在对中国学术图书出版现状研究中，运用了统计数据建立数学模型，对中国学术图书产业集中度等进行了定量分析。

另外，在对中国学术图书出版产业影响因素、受众和传播环境等分析上，由于目前在中国出版界，学术图书的定义尚未得到明确，很多统计资料把其糅入科技出版或者专业出版等大的范畴，学术图书没有被单独研究和统计，这直接阻碍了我们对学术图书出版现状进行更准确的定量分析。因此，笔者只能在深感遗憾的同时，采取归纳分析和综合概括等定性分析法，对学术图书出版产业的优劣势等现状进行阐述。

3. 跨学科研究法

学术图书出版属于传播范畴,学术出版产业的发展属于经济学和管理学范畴。因此,学术图书出版的发展必须符合传播学和经济学的基本规律。在对学术图书出版的现状研究上,本书通过对信息传播过程中的传播者(现有学术图书出版机构)、传播媒介(现有学术图书流通渠道)、受众分析,并辅以对信息传播的行业及科技等外在宏观环境分析,对中国学术图书出版行业环境做基础分析。在此基础上,借用产业经济学的SWOT研究方法对中国学术图书出版的竞争能力做分析和评估。

4. 比较分析法和经验总结法

收集和整理相关资料,对比研究中外学术出版产业发展现状,指出了中国学术图书出版产业的不足。另外,运用经验总结法,对改革开放以来中国学术图书出版,以及相关图书出版实践活动中,部分成功经验的总结,在现状研究基础上,提出了促进中国学术图书出版产业发展的建议。这既是本书研究的主要途径,也是研究意义所在。

五、创新点

1. 系统归纳学术图书出版的定义、类型及相关特征,评价改革开放以来中国学术图书出版的现状和特点

在借鉴国内外业界对学术图书出版的界定和查阅相关文献基础上,尝试性地在第1章对学术图书的定义、类型及特征进行了归纳和阐述,并在第2章系统地总结了改革开放以来中国学术图书出版的历史,评价和分析了中国学术图书出版发展的不同阶段的特征,以及采取的发展措施。

2. 运用有关传播学及经济学相关理论,对中国学术图书出版现状进行实证研究

运用迈克尔·波特的产业竞争力理论、产业分析的SWOT方法、制度

经济学理论、社会角色论等理论对中国现阶段学术图书出版环境进行了实证研究，为学术图书出版研究提供理论支持。

3. 比较全面地阐述了现阶段中国学术图书出版存在的主要问题

在日常工作和学习中注意对学术图书出版存在的各种现象加以观察和描述，以及借鉴业内专家和学者对中国学术图书出版存在的主要问题等研究成果，比较系统和全面地概括了现阶段中国学术图书出版存在的主要问题。

4. 在以上研究基础上，提出了新的历史时期发展中国学术图书出版的建议

在以上理论研究基础上，本书将从以下三个方面提出促进中国学术图书出版发展的建议。

（1）国家应高度重视学术图书出版工作；

（2）出版行业协会增强专业服务功能；

（3）学术图书出版企业应促进自身在市场竞争中发展壮大。

六、研究不足之处

1. 关于数据

（1）数据的时效性和代表性

本书的研究是从 2001 年开始的，资料收集工作也是始于 2004 年在电子工业出版社做相关课题研究期间，所有数据均来自相关网站和年鉴信息。值得注意的是，经过多年的发展，行业一直在变化，学术图书的数量这些年也一直在持续增长。

在学术规范性上，仅以参考文献、图表为例，由于大多数信息来源于网络和年鉴统计信息，在引用格式和规范上缺少统一性和规范性，恳请读者谅解。

另外，由于自 2019 年开始，根据《中央文化企业公司制改制工作实

施方案》，一大批出版社相继成立有限责任公司，本书所列2022年开卷统计数据出版单位均显示为改制后出版企业名称，而出版年鉴等数据来源出版主体单位仍以出版社为统计单位。为保证图书数据来源准确性，故未对出版单位统计名称做统一，也请读者谅解。

（2）数据的代表性与连续性

由于出版业信息公开工作的滞后，实际的全样本数据确实极难获取。同时，受研究时间、研究条件，以及个人工作精力和时间所限，本研究也未采集长期的连续性数据进行对比和研究。在以后的工作中，笔者希望能够通过数据的持续采集进行长期的比较和持续研究工作，适时完善和改版本书。

2. 关于行业影响力

本研究所做的第一件事就是弄清楚什么是学术图书出版（本书所认为的学术图书出版，即指目前大众认可和接受度比较高的"专业与学术图书出版"，以下简称学术图书出版）。

学术图书出版因其作者及读者的专业性而得名，其内容通常是由某一学科和专门领域的专家和学者提供的，其读者和作者往往是同一高度细分知识领域的顶尖群体。在数字出版的浪潮下，部分学术图书出版已经从纸质形式转变为专业数据库与数字平台的结合形式。这是三大出版领域（学术图书出版、大众图书出版、教育图书出版）中转变最早，也是最成功的。[①]

希望通过本书的抛砖引玉，有更多的人参与学术图书出版的研究，为中国的学术图书出版的发展建言献策。

---

① 许洁，汪琨禹，马青青. 基于三大出版领域的出版学基础理论构建探索[J]. 科技与出版，2019，38（10）：104-111.

第1章　面向小众的学术图书出版

重视优秀学术著作选题的出版发行,一直是中国出版界的优良传统。改革开放以来,成功的出版家们不断地追求学术理想和现代商业市场运营模式的完美结合。时代一直在变化,但是学术图书的出版价值是不变的。在当今社会环境下,对当代学术图书出版的发展进行实证研究,非常有必要首先考虑对当今学术图书出版行为的研究具体对象——学术图书及学术图书出版的定义、类型、特点及其出版社会价值等进行深入阐述。

1.1　学术图书的定义

在阐述学术图书的定义之前,让我们先来简单地了解一下学术图书中的"学术"一词的定义。

1.1.1　"学术"的定义

说到"学术"这个词,它在中国已经存在很长时间了。我们可以从《辞海》(1999年版)中看到,在解释"学术"一词时,引用《旧唐书·杜暹传》中的"(杜暹)素无学术,每当朝议论,涉于浅近",把"学术"

定义为"较为专门、有系统的学问"。①

上面这个定义颇为精练,给广大读者留下了很多思考的空间。

《百度百科》将"学术"理解为:"系统专门的学问,泛指高等教育和研究。"②

《辞源》将"学术"理解为"有系统而较专门的学问"。③

《新华字典》和《现代汉语词典》与《辞源》的解释一致。

以上的解释揭示了"学术"与"学问"的内在联系。那么,"学问"的本质究竟是什么呢?

《现代汉语词典》将"学问"理解为:"正确反映客观事物的系统知识。"④

《百度百科》将"学问"理解为:系统的知识,泛指知识。⑤

因此,根据以上释义,我们认为,"学术"至少应该包括以下三大特征:

(1)专门性,即学术内容有一定专业价值,绝不是泛泛而谈的感悟和见解;

(2)系统性,学术应该成体系,并且能够有一定系统性的见解;

(3)知识性,即学术作品有一定的学术价值(新知识),阅读学术作品能够丰富阅读者的科学知识。

然而,以上只是学术界的定义,与我们在本书中讨论的"学术"有很大差异。直到19世纪末20世纪初,现代意义上的"学术"这个词似乎还没有被中国学者使用。那个时代的许多知名学者,潜意识中还是会把

---

① 辞海编辑委员会.辞海[M].上海:上海辞书出版社,1999:1126.
② 学术.学术-百度百科[EB/OL].http://baike.baidu.com/view/483967.htm.
③ 辞源编辑委员会.辞源[M].北京:商务印书馆,1980:787.
④ 现代汉语词典编辑委员会.现代汉语词典[M].北京:商务印书馆,1996:1430.
⑤ 学问.学问-百度百科[EB/OL].http://baike.baidu.com/view/136325.htm.

"学"与"术"二字分开来使用。

近代著名教育家、翻译家严复先生曾说道:"盖学与术异,学者考自然之理,立必然之例;术者据既知之理,求可求之功。学主知,术主行。"梁启超先生也曾说过:"学者术之体,术者学之用。""夫学也者,观察事物而发明其真理者也;术也者,取所发明之真理而致用也。应用此真理以驾驶船舶,则航海术也;研究人体之组织,辨别各器官之机能,此生理学也;应用此真理以疗治疾病,则医术也。学与术之区分及其相关系,凡百皆准此。"①

从上面严复、梁启超先生的话里,我们可以清楚地看出,严复和梁启超先生所说的"学术"包括"学"与"术",是两个差异甚大的概念。因此,我们难以由此得到一个明确的"学术"的概念。不过,尽管他们没有使用"学术"这个词,但是他们所说的那种与"术"相对的"学",其意思实际上与我们现在讨论的学术非常接近了。

本书所讲的"学术",实际上是从西方引进的词汇。

在英语中,学术一词通常用"academic""scholarly""learned"表示。《韦氏字典》将"academic"释义为:"关于、属于某一个学院或学校,尤其是高等学校;很博学,但缺乏经验,不足以应对现实世界;理论上的,并不能产生直接或实践上的结果。"将"scholarly"解释为:"有关学术工作的,尤指科学研究;表现出学者的态度和方法。"将"learned"解释为:"有渊博学识的。"

简言之,英语中的"学术"具有如下内涵。

一是强调其与高等院校的联系;

二是强调其理论性,即非实际应用性;

---

① 李伯重. 论学术与学术标准. 学术批评网, 2005-04-12 (www.acriticism.com).

三是强调其与学者的联系；

四是强调它的知识性。

将以上英语中的"学术"内涵与本书所阐述的学术图书出版中的学术联系起来，可以将本书的"学术"内涵界定为专门性、系统性、理论性（非实际应用性）和知识性。

具体来说，编辑在判断某本图书是否有学术价值，或者学术界专家、学者在评价某一类学术成果是否有学术出版价值时，对"学术"的理解也不尽相同。

美国编辑界曾经对学术出版的"学术"制定了如表1-1所示的界定标准。

表1-1 美国编辑界对学术出版的"学术"的界定标准[①]

界定标准	含义
资料	书稿所用文字资料必须是独特和权威的，论据必须充分，讨论方式要新颖多样，观点和信息需要相互补充
分析和阐述	论点必须经过组织和处理，而不是简单的事实清单；它可以引导读者理解主题；内容必须知识渊博，不是简单的数据总结
平衡	论点有理论，有充分的根据，简洁明了，以便读者能够判断其可靠性
特色	书稿的内容需要新颖和有见地。在理解前人对这个话题的观点和讨论时，作者需要能够给出新的观点

在中国编辑出版界，比较有代表性的界定标准是曲家源先生提出的四个标准，如表1-2所示。

---

① 曲家源. 什么是学术性 [J]. 编辑学刊, 1993 (4)：67-68.

表 1-2　中国编辑界有代表性的界定标准

界定标准	含义
论点	具有创新性，是作者的原创观点。它以前没有被提出过，或者虽然被提出过，但仍然值得大多数读者讨论
论据	论据必须具有权威性且时间新。权威性，指该论据在该学科中需要具有一定的学术研究价值；时间的接近性表明所使用的论据是该学科的最新研究成果
论证	关于主题的研究需要抓住事物的本质，必须具有严密的逻辑性
语言的逻辑性	语言要有逻辑性

上述对学术图书出版中学术性的界定标准都有一定道理，但是更多的是站在学术评价角度，过于强调学术出版物的论点的创新性和论证的科学性。

在现实的中国学术图书出版中，以上的评价标准过高了。这是因为：一方面，在对正式出版作品的实际评价中，论点的创新性和论证的科学性相对灵活，难以把握；另一方面，现实中的一些学术著作缺乏创新和科学论证。此外，目前国际出版界并不特别重视学术著作的创新性和论证科学性，经常将学术图书与专业图书进行并列研究和统计。

鉴于以上分析，笔者更倾向于认同张积玉先生早在1991年《试论学术性》文章中提出的三项基本要求，作为界定学术图书出版研究对象的标准[①]。

(1) 图书内容的专门性，即研究的问题必须进入专业学科，对促进学科建设和发展具有积极的指导意义；

(2) 必须有创见，即图书受众能获得专业知识；

(3) 论述问题要有科学性，即可以理解为图书系统性，是系统地对某

---

① 曲家源. 什么是学术性 [J]. 编辑学刊, 1993 (4): 67-68.

一学科发表学术见解和学术成果。

另外，本书所论述的学术出版为了与出版界所通常理解的广义的专业出版区别开来，笔者认为本书学术图书出版研究对象应该有第四项界定标准，即图书的理论性，而非实际应用性。

1.1.2 学术图书的定义

学术图书是中国图书市场的重要图书类型之一，其内涵和外延的界定往往被大多数出版从业人员和读者忽视。

改革开放以来，出版界经常将此类图书称为"学术著作"。近年来，"学术书""学术书籍"也时常出现在研究学术出版对象的各类研究成果中。有些国外研究成果也把"academic book""scholarly book"认为就是学术图书。

笔者认为，这种理解把学术图书的范围缩小了，也限制了学术图书产业的拓宽性和创造性发展。

对于"学术图书"的理解，研究者各方有不同的看法。

有研究者指出，学术图书，又称"学术研究专著"，是自然科学和社会科学专业工作者对某一专业学科或课题进行深入研究后撰写的科研成果。[1]

白国应先生认为，"学术图书"是指作者通过社会调查、科学调查或实验等深入研究而系统论述的作品。[2]

上述研究人员对"学术图书"的理解侧重于强调学术图书（自然学科和社会科学）的研究范围。而事实上，学术图书的研究范围仅仅只是学术图书概念研究的必备因素之一。从出版实务角度看，本书更倾向于将学术图书按北京大学出版社张文定先生所提出的来定义："就广义来说，泛指

---

[1] 孙树松，林人.中国现代编辑学辞典 [M].哈尔滨：黑龙江人民出版社，1991.
[2] 中国出版科学研究所.编辑实用百科全书 [M].北京：中国书籍出版社，1997.

学术图书，即书店常指的一般学术的通俗读物。就狭义来说，指的是准学术书，即出版界普遍认为学术含量较高、品位较高的严肃读物。"①

翻阅出版的《简明出版百科词典》，可以发现，日本学者认为学术图书是"以专门研究人员的研究成果为内容的书籍的总称"。②

加纳大学出版社的董事 Ganu·K.M. 先生则认为："学术图书最重要的品质在于其内容的创新和独特的表达方式。具体来说，它包括原创性的科学研究、试图对已有的学科研究或知识能力加以解释的作品和高校教材。"③

综上所述，学术图书是指作者在理论上对某一知识领域或课题进行系统、专门的分析和研究后创作的作品。其产品的学术性是指内容的专门性、系统性、知识性和理论性，而不是实际的应用性。

1.2 学术图书出版的特征

为了对本书研究对象——学术图书出版的特征有更清楚的了解，以下将试图从学术图书产品具有的五大特征，以及学术图书出版既作为学术交流重要组成部分，其传播效果受学术价值制约，又作为图书出版主要工作之一，其传播同样受经济效益制约的双重制约特征来具体阐述。

1.2.1 产品特征

根据以上定义，学术图书至少应该具有以下五大特征。

---

① 中华读书报编辑. 落花有意，流水相迎——全国专业图书出版发行研讨会发言摘要 [N]. 中华读书报，1999-05-05（3）.
② 《出版事典》编辑委员会. 简明出版百科词典 [M]. 北京：中国书籍出版社，1990：102.
③ Ganu·K.M. Scholarly Publishing in Ghana: The Role of Ghana Universities Press [M]. Scholarly Publishing, 1999（4）：13.

(1) 理论色彩比较浓

行业内的学术图书理论色彩浓厚，大多以抽象思维或数据模型为表达方式，并有自己独特的表达体系，对读者的深度阅读能力和知识领域有较高的要求。因此，在大多数情况下，学术图书无法像大众出版和教育出版产品那样普及。

目前，根据北京开卷图书市场研究所《全国图书零售市场观察报告》中的信息，由于市场的影响，在学术图书出版市场上，以哲学类为代表的纯学术型图书逐渐被实用型学术图书取代。[①] 这也预示着学术图书的理论色彩有减弱，转向实用角度的出版趋势。

(2) 内容专门性较强

学术图书的内容大多局限于某一学科或某一领域，而且大多数都出自大学和学院的教师，以及其他机构的学术和科学研究人员之手。

(3) 以较高文化水平的"小众"学者为主要读者群体

学术图书出版是学术交流体系的重要组成部分，其产品的大多数读者是对该主题感兴趣的专业研究人员、大学教师或其他文化水平较高的知识分子。因此，学术图书出版是面向一部分有一定学术背景的"小众"学者的出版活动，其读者群体相对比较固定和狭窄。

(4) 学术价值较高

学术图书一般是通过科学研究，对某一领域或某一主题进行详细分析和讨论的著作，具有一定的指导意义和较高的学术交流价值。从长远看，社会效益显著。例如，爱因斯坦的《相对论》，可以说，它改变了人类社会的发展进程。从这个意义上说，学术图书的出版质量和数量是一个国家

---

① 蒋希亮. 正是销售好时节：2000 年 7 月全国图书零售市场观测报告 [N]. 中国图书商报，2000-08-25.

科技文化水平乃至综合国力的重要体现。正因为如此，世界各国都非常重视学术图书的出版。

（5）平均印张成本较高

与大众读物和教育图书产品相比，图书内容的专门性和读者人数少决定了学术类图书的小印数，至少首印数不高，图书定价较高，平均印张成本较高等现状。学术图书出版难、发行难的症结之一是学术图书出版的经济效益不尽如人意。

1.2.2 学术图书出版的双重制约特征

学术图书出版是图书出版业的主要工作之一，也是学术交流体系的重要组成部分。与其他图书出版相比，学术图书出版传播过程既要受学术价值的制约，又受经济效益的制约，且更为明显。

《辞海》（1999年版）对学术的定义非常简单，指的是"较为专门、有系统的学问"。这个定义相当简洁，给读者留下了很大的评判空间。由此推断，学术图书出版可以被视为介绍或研究特殊知识的著作的出版。通过学术与出版的结合，我们可以把它们各自的本质特征结合起来。用当前流行的话来说，就是知识经济。然而，学术与出版之间存在着一个矛盾，即学术专业性与狭隘受众之间的矛盾，以及学术图书出版活动必须遵循的经济利益规则。

学术图书出版不同于市场经济条件下一般意义上的商业出版。它有极其鲜明的专业学术特色。学术图书出版的目的，决定了它是在完成学术研究任务后为学术研究服务的，即通过出版学术图书，直接为学术研究的生存、发展和繁荣服务。从这个角度来看，学术图书出版的核心和前提是学术研究价值本身。当出版商衡量和选择出版学术作品时，首要标准应该是作品本身的学术价值，以及其可能的学术社会影响。

同时，在市场经济条件下，出版业的价值取向应该将社会效益放在首位，实现社会效益与经济效益相统一。经济效益低的选题通常不会被出版企业重视。学术图书是经济效益相对较低的出版选题。学术图书出版难也是市场经济下物质生产制约出版的价值取向所决定的。

因此，学术图书出版的物质生产属性和精神生产属性相互制约，相互影响。学术图书出版的双重制约特征见图1-1。

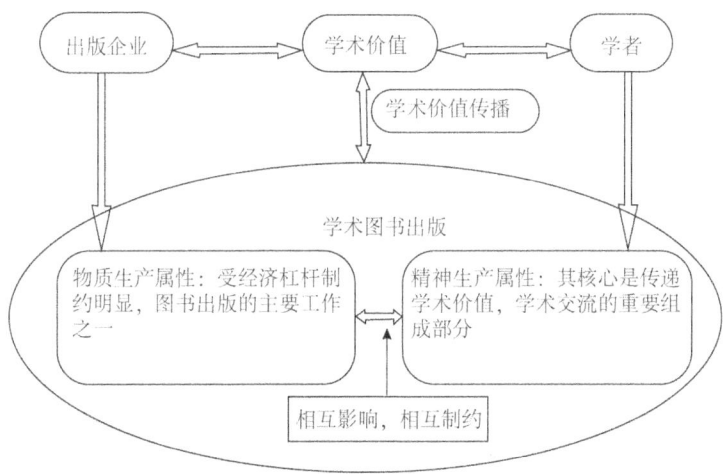

图1-1　学术图书出版的双重制约特征

学术图书出版的物质生产受到社会学术精神环境的影响。当社会环境充满对学术的支持和认可时，学术研究和创作的作品的学术价值就会被受众充分接受和认可，学术图书出版也会相应地迸发出应有的生命力。

另外，作为学术图书出版产品本身的物质生产价值，也并不是作为承担物质生产主体任务的生产者——出版企业所能够科学完整地下结论的。

不重视学术图书的精神生产过程，学术图书内容良莠不齐，学术图书作者学术信用缺失，都会影响学术图书出版的发展前景。

从学术作品精神生产本身来看，其作品的流通和学术价值的传播都依赖于学术图书出版的物质生产过程。没有学术作品的物质生产和传播，学术作品的学术价值就无法传承，也无法进行有效和充分的学术交流。

1.3 学术图书的分类

按照不同的标准,学术图书可以分为不同类型。当然,不同的标准对学术图书出版的研究有不同的指导意义。

1.3.1 按创作的学科领域分类

一般情况下,按创作的学科领域分,选题可以被分为三大类:社会科学类选题、人文科学类选题和自然科学类选题。

近年来,社会科学与人文科学相互融合,统称为人文学科。

社会科学以社会现象为研究对象,旨在深入研究和阐述各种社会现象,以及其发展的基本规律。意识形态属于上层建筑范畴。

从广义上讲,人文科学是指对社会现象、文化和艺术的研究。

自然科学的目的是了解自然规律。它是一门研究自然界物质形态、性质、结构和运动规律的科学。

在不同的学科和研究领域,研究方法和表达方式会有所不同。

按创作的学科领域划分标准在出版界应用得最为广泛。因为不同学科内容的学术图书产品会呈现出不同的特色。除了学术图书读者对内容的专业化需求之外,根据学科内容划分学术图书的类型可以更好地满足读者的购书需求。图书馆和书店也大多是按照学科内容的归属不同分类和陈列学术图书的。

多年来,《中国统计年鉴》将所有图书按照使用"中国标准书号"和不使用"中国标准书号"分为两类,然后根据22个类别进行分类。

图书出版分类构成情况参见表1-3。

《中国图书馆分类法》(第四版)也将图书大致分为两类:社会科学和

自然科学，然后根据22个类别对其进行分类。因此，各学科研究领域的学术图书的详细划分可以参考此22个类别。

表1-3 图书出版分类构成情况（2020年）①

类别	种数（种）	印数（万册）
图书总计	489051	1037305
使用"中国标准书号"部分合计	488714	1031037
马列主义、毛泽东思想	740	1907
哲学	8593	7686
社会科学总论	5151	3896
政治、法律	16517	25020
军事	1184	977
经济	33087	13990
文化、科学、教育、体育	202426	804063
语言、文字	18004	22621
文学	50534	71230
艺术	22909	18395
历史、地理	17574	13390
自然科学总论	929	795
数理科学、化学	10115	5630
天文学、地球科学	3136	1538
生物科学	3752	2420
医学、卫生	22249	13770
农业科学	52908	1534
工业技术	6054	16040
交通运输	2607	1903

---

① 中华人民共和国国家统计局《中国统计年鉴2021》编委会. 中国统计年鉴2021[M]. 北京：中国统计出版社，2021.

续表

类别	种数（种）	印数（万册）
航空、航天	862	264
环境科学	2607	1408
综合性图书	4467	2560
不使用"中国标准书号"部分合计	337	6268
图片	337	355
国标（GB）、部标（BB）等标准类文件印品		1059
活页文选、活页歌篇、小件印品等		4854

注：资料来源于《中国统计年鉴2021》表23-1 图书出版情况（2020年）整理而成。

1.3.2 按选题资源分类

选题资源是学术图书知识内容的来源。好的选题资源对学术图书的品质有很大影响。依据选题资源的不同，学术图书划分如表1-4所示。

表1-4 学术图书按选题资源分类

分类	含义	举例
古籍型	这是通过挖掘中国的学术性古籍处理和整理而成的，意在"古为今用"。中国历史上积累和传承了大量的学术古籍，这正是编纂古籍型学术图书的一个极其重要的选题来源	中华书局的《十三经注疏》是唐宋学者在前人注释基础上，对《周易》《尚书》《毛诗》《周礼》《仪礼》《礼记》《春秋左传》《春秋公羊传》《春秋穀梁传》《论语》《孝经》《尔雅》《孟子》十三部儒家经典所做的疏解注释，学术价值很高

续表

分类	含义	举例
引进型	引进国外的学术经典（翻译或者原版引进）也是中国学术图书的重要选题资源，取材意在"洋为中用"。近年来，引进国外原版或翻译经典学术著作逐渐成为学术图书出版市场的一个热点	商务印书馆出版的剑桥大学出版社的《剑桥二十世纪政治思想史》《剑桥十八世纪政治思想史》《剑桥希腊罗马政治思想史》等。中央编译出版社先后推出的"大众文化研究译丛"；收有西方激进思想家阿尔都塞《读〈资本论〉》；日本思想界研究中国问题的成果："发现中国译丛"等
原创型	关注国内外科技发展的现状和最新趋势，试图用新理论、新视角阐述原著作者的新学术论点。这是市场上最重要、数量最多的学术书籍，但质量差异也是最大的。对积累文化、传递学术价值和促进社会发展等方面都有重大的导向和影响作用，也是学术图书出版企业建立品牌，实现长久经济效益的根本保障	复旦大学出版社出版的"中国古代文学理论体系"丛书，在解决古代文学的体系与框架问题方面取得了重大突破；六卷本《中国人口史》是一部300余万字的原创性学术专著，实现了中国人口史研究的超越，在国内学术界和海外研究专家中引起了强烈反响

1.3.3 按图书结构分类

根据图书结构的不同，学术图书可分为专著、文集、合集、丛书，如表1-5所示。

表 1-5 按图书结构分类

分类	含义	举例
专著	大多由一人或少数几人围绕一个问题创作。具有浓厚的理论色彩和较强的专业性，有助于读者对问题有全面而深刻的理解	《6G潜在关键技术》（上、下册）《网络传播理论分析与实践》《当代汉语修辞学》《插图本中国图书史》等
文集	一类是由一个人独立完成所有作品的图书，既包括全集，也包括选集，有助于读者把握某位学者整个学术生涯的学术思想脉络，也是对学者一生致力于学术研究的纪念 另一类为多人创作的具有核心主题、事件或小主题的作品	(1)《李博文集》，在国外，编辑和出版60岁以上伟大科学家的学术图书是学术界的传统。在中国，出版学术研究文集是文坛系统整理、完整保存学者学术成果的主要途径。 (2)《中国出版理论与实践》（由出版界30多位权威人士和资深从业人员对改革开放以来中国的出版理论与实践进行系统梳理）
合集	一是会议论文集； 二是期刊论文集； 三是多人论文集	(1)《第八届全国青年通信学术会议论文集》《中国土木工程学会第九届土力学及岩土工程学术会议论文集》等 (2)《中华医学会系列杂志SARS研究论文集》；收录了在中华医学会系列杂志上发表的论文67篇，对SARS防治研究有重要参考价值 (3)《第一期全国科技出版策划编辑培训班学员论文集》等

续表

分类	含义	举例
丛书	如果一个主题涵盖了许多内容,为了更全面地积累学术成果,它往往采用多卷或多系列的丛书形式来编写	中国电力出版社出版的"中国电气工程大典"(分为25卷);电子工业出版社出版的"中国模具工程大典"(9卷)、"工业信息化技术"丛书、"工业智能与工业大数据系列";吉林大学出版社出版的"汉魏"丛书等

1.3.4 按图书用途分类

根据学术图书的用途不同,可以分为专著型、高校教材、参考手册和统计资料,如表1-6所示。

表1-6 按用途分类

分类	含义	举例
专著型	是著者对某一专题进行专门研究后撰写的学术成果。专著型学术图书主要用于评估学术研究工作的学术贡献,是供同行专家、学者进一步深入研究之用的作品	电子工业出版社2019年推出的《硅片的超精密磨削理论与技术》,2021年出版的《大数据驱动的机械装备智能运维理论及应用》等
高校教材	是学术图书的重要类型之一,但是并不是所有的高校教材都是学术图书,只有那些具有经典理论深度和系统性的专业课程教材才能被归为学术图书	《国际传播学教程》《应用密码学》等

续表

分类	含义	举例
参考手册和统计资料	是人们从事科学研究不可缺少的工具，具有很高的学术价值。因此，本书把参考手册和统计资料纳入学术图书出版范畴。虽然它们在学术著作中所占比例很小，但它们的作用不容忽视，尤其是对学科范围窄小、研究主题专深的参考手册和统计资料而言	《中国智能交通行业发展年鉴（2021）》《机械工程师手册》《数控加工手册》《第十五届中国智能交通年会论文集》等

1.3.5 按主要读者群体分类

依据学术图书的读者范围大小，学术图书可被分为专深型和普及型两类，如表1-7所示。

表1-7 按主要读者群体分类

分类	含义	举例
专深型	专深的内容决定了图书在很大程度上只能在小范围的读者中传播。在出版此类学术图书时，经济效益和社会效益之间的矛盾将明显尖锐	《尹湾汉墓竹简综论》介绍了连云港市尹湾汉墓出土的竹简。这些内容可能只吸引少数考古学家和历史研究人员。出版社出版这类学术研究书籍，其保存文化成果和提供研究资料的真实意图更为明显

续表

分类	含义	举例
普及型	用简单易懂的语言解释一个问题或一个经典理论，对读者的整体文化水平和阅读理解的要求不是很高。然而，即使如此，学术图书仍然是"小众"产品	《画说〈资本论〉》《画说新冠——来自多学科专家的解读》等

学术图书内容和语言表达方式过于专业化，会在一定程度上限制读者数量。这种状况持续下去，势必不利于中华民族文化产业的振兴，也很不利于全民族文化素质的提高。所以，如何促使学术图书大众化，就成了一个值得关注的话题。

1.3.6 按市场接受程度分类

按照学术图书的市场接受程度，学术图书可以分为畅销型和非畅销型两大类。

大多数学术图书不具备畅销潜力，基本上属于非畅销类型。然而，一些学术图书的内容与社会热点密切相关，或者图书内容易读、易懂，或者出自当代著名专家之手。这些因素可能会使一本学术研究图书畅销。例如，霍金的《时间简史》的畅销就很好地说明了这一点。

请注意，本书中提到的畅销书只是相对的。它仍然无法与大众出版的数十万或数百万册超级畅销书的销量相比。确定这种分类标准，便于调查学术图书的经济效益。出版高质量、畅销的学术图书也是出版社追求的目标之一。

1.3.7 按信息载体形式分类

根据信息载体的形式，学术图书可分为文字型、地图集型、图画型和立体型，如表 1-8 所示。

表 1-8 按信息载体形式分类

分类	释义	举例
文字型	最为常见的一种学术图书类型	在此不赘述
地图集型	地图集型学术图书的数量比较少	复旦大学谭其骧老师的《中国历史地图集》，这是一本学习历史地理专业必备的书，学术价值较高
图画型	近年来，出版界大胆尝试，让学术图书与图画"亲密融合"，形成了新型的图画型学术图书	天津教育出版社引进的《图解心理学》，广东经济出版社出版的《图解基础会计》，等等
立体型	在数字时代，人们的阅读选择越来越多样化，传统纸质图书在与其他阅读媒体的竞争中逐渐处于劣势。随着文本阅读技术的不断创新，手机、iPad 等阅读媒体逐渐受到越来越多的关注，传统的纸质图书出版面临的严峻挑战前所未有。近年来，能看到图书市场上出现了一些以立体形式承载的学术图书，增添了阅读的趣味性	电子工业出版社推出的《打开圆明园》，这本书由中国圆明园学会学术专业委员会委员刘阳老师担纲主编并全书审定。书里的每一个细节，建筑的结构，纹理的质感，一点点抠出来还原，最后形成这样一本立体图书，有一定的学术价值

1.3.8 按传播载体形式分类

根据传播载体形式分类，学术图书可分为纸质媒体型、网络电子版型和光盘（CD-ROM）型，如表 1-9 所示。

表1-9 按传播载体形式分类

分类	含义	举例
纸质媒体型	传统的学术图书,也是目前中国学术图书的主要类型	常用类型,此处举例略
网络电子版型	是以电子书的形式在互联网上出版的图书,是纸质媒体型学术图书的辅助形式。另外,部分学术网络数据库也是这一类学术图书出版的一个重要发展形态	"E书时空"网站和"黄金书屋"网站都可以下载罗素的《西方哲学史》和冯友兰的《中国哲学简史》等经典学术图书,供读者阅读。近年来,培生教育出版集团、中国进出口总公司等国内大型出版集团也在这方面进行了大量探索,分别推出了不少自主研发的学术图书网络电子版交易平台
光盘（CD-ROM）型	目前,光盘（CD-ROM）学术图书只是纸质媒体型研究图书的一种辅助形式。一般来说,光盘（CD-ROM）学术图书是在纸质学术图书的基础上另外正式出版的,主要是方便读者检索和存储	化学工业出版社在推出《机械电子工程师手册》纸介质型产品之后,于2006年推出《机械电子工程师手册》（电子版）；电子工业出版社在2007年相继推出的《机械工程师手册》纸质版和电子版等

1.4 学术图书出版的传播功能

学术图书出版的传播功能主要体现在学术价值的传播和促进出版产业繁荣两个方面。

1.4.1 学术价值的传播

对于学术界来说,学术图书的出版是学术交流体系的重要组成部分。其出版的前提是图书产品具有较高的学术价值,而出版的核心则是传播学术价值,进一步促进学术交流。

学术图书出版的学术价值传播功能主要体现在以下两个方面。

(1) 学术图书出版是学术研究人员获取学术信息、开展学术交流的重要途径之一

首先,学术图书是研究者将其研究成果经过系统总结、提炼出的学术成果。只有正式出版,其学术价值才能得到迅速传播,学术价值才能与同行交流,进而得到同行的评价和肯定。因此,在国外学术界有"不出版,即死亡"的说法。其次,学术图书出版使得学术成果得以传承,使科研人员能够充分总结前人已发表的学术成果,继承和突破创新。

(2) 学术图书出版是指导、传播和积累学术成果的重要手段

从流程上讲,学术图书的出版大致可分为审稿(包括组稿)、编校、印制等环节。作为学术价值传播最重要的把关人,负责任的编辑将检查学术书籍的质量:一是稿件内容的质量把关,在审稿环节上把关;二是稿件形式的质量把关,在编校质量和外在装帧设计质量上把关。而稿件质量控制的过程就是学术图书传播过程中的去粗取精、去伪存真的过程,这样才能使有价值的学术成果得以传播。另外,对价值较高的学术图书产品进行

修订、重印和再版，可以再次筛选现有的学术成果，从而使优秀学术成果得以传承。

1.4.2 促进出版产业繁荣

对出版界来说，学术图书的出版功能如表1-10所示。

表1-10 学术图书的出版功能

主要功能	释义
学术图书是图书出版业的重要组成部分	出版社创造社会效益、提升行业正面形象的重要途径。出版界一直非常重视学术图书的出版，并且从政策和经济上对学术图书的出版给予一定的支持 学术图书的出版在国外也同样受到高度重视。根据英国出版商协会1999年的统计数据，当年英国学术书籍的出口量高达3.28亿英镑，而消费类书籍的出口量为2.77亿英镑。统计数据还显示，学术和专业书籍占英国图书市场的一半份额
有助于提高读者的品位，培育作者	虽然学术类图书的读者群相对狭窄，但需求稳定，读者受教育程度高，可以引导读者深度阅读。在大力倡导阅读经典和精品图书的社会氛围中，可以预期今后学术研究类图书的整体市场容量将扩大，最终必将提升读者的深度阅读品位，培育一大批学术图书的原创作者
培养学者型编辑的重要方式	出版学术图书是培养学者型编辑的重要途径，如"当代经济学系列"丛书成就了陈昕先生，因编辑"走向世界"丛书，钟叔河先生声名鹊起
有利于铸就出版社的美好声誉	出版学术图书有利于建立出版社的良好声誉。例如，1898年，商务印书馆出版了中国现代语言学的第一部著作《马氏文通》。随后，赵元任、李进喜、王力、吕书湘、高明凯等语言大师的名著被商务印书馆出版，成为商务印书馆语言出版系列的权威和经典

第 2 章 改革开放以来中国学术图书出版发展历程回顾

改革开放以来，中国学术图书出版业在产业管理、产业政策、产业组织、相关产业结构、产业运营、终端产品及从业人员培育等方面都取得了巨大的成就。随着社会主义市场经济体制的建立和完善，中国学术图书出版业也步入了新的历史发展阶段。

出版经济学家陈昕 2002 年在其出版的《中国书业发展的三个阶段与新出版组织的培育》一书中指出，中国出版业 1977 年以来发展迅速，举世瞩目。从出版经济学的角度，陈昕将这一时期划分为三个阶段。[1]

（1）超常规增长阶段（1977—1985 年）；

（2）调整和徘徊阶段（1986—1995 年）；

（3）新的增长阶段（1995 年至今）。

为了进一步了解中国学术图书出版业的现状，本书根据出版经济学家陈昕 2002 年的划分标准，再根据出版行业近年来的发展实际状况，将改革开放以来中国学术图书出版发展历程划分为以下四个阶段。

---

[1] 陈昕. 中国书业发展的三个阶段与新出版组织的培育 [M]. 中国书业思考. 辽宁：辽宁人民出版社，2002.

(1) 超常规增长阶段（1978—1985年）；

(2) 调整和徘徊阶段（1986—1995年）；

(3) 新的增长阶段（1995—2017年）；

(4) 稳健发展阶段（2018年至今）。

接下来，我们将分析不同时期的特定学术图书出版环境、出现的问题，以及为了解决这些问题，出版行业已采取的发展策略和取得的实践成效。

2.1 学术图书出版：超常规增长阶段（1978—1985年）

陈昕在《中国书业发展的三个阶段与新出版组织的培育》一书中指出："从1977年至1985年，中国图书出版总印数由33.08亿册增加到66.73亿册，总印张数由117.71亿印张增加到292.75亿印张。这一期间，图书出版总印数和总印张数每年都持续增长。总印数平均每年增长9.1%，总印张数年平均增长率为11.6%。到1985年，中国图书出版总印数和总印张数均创造了历史最高纪录。"[①]

2002年北京开卷图书市场研究中心孙国庆先生从市场需求及产业运作角度出发，将这一时期的出版业纳入任何图书都能成功满足市场（1970—1984年）。[②]《中国图书商报》原总编辑程三国先生从文化、经济发展及产业定位的角度出发，将这一时期划分为文化还原（20世纪七八十年代）。[③]

[①] 陈昕. 中国书业发展的三个阶段与新出版组织的培育 [M]. 中国书业思考. 辽宁：辽宁人民出版社，2002.

[②] Sun Qingguo. Economics of Chinese Book Market [M]. Publishing Research Quarterly, 2002.

[③] 程三国. 读书即消费 [J]. 新周刊，2003（1）：32.

学术图书出版情况和这一时期全国其他图书的出版情况一样，文化禁锢的打破使出版供给能力大幅提高，随着中国经济发展的快速增长，居民消费水平大幅提高，中国图书市场上出版品种和数量都有快速的增长。

这一时期的学术图书出版产业特征突出，表现在计划经济色彩浓、学术图书供不应求、出版社处于附属地位等方面。

2.1.1 计划经济色彩浓

这一时期的学术图书出版，是出版业计划经济时代的典型代表。出版学术图书所需的费用，由国家财政或者上级主管部门支付，出版社不必考虑所出版图书的盈亏。学术图书的内容、规模和结构由国家统一调整。出版社不关心学术图书的市场效益，带有浓厚的计划经济色彩，出版生产力低。

随着社会主义市场经济的发展，图书出版的计划经济已经不适合经济和社会发展的需要。它的不合理之处主要体现在以下方面。

第一，国家计划的学术图书出版规模和结构没有客观依据，具有一定的随意性。加强社会主义文化建设需要发挥全社会的创造力，国家计划的学术图书产品不能满足人民日益增长的学术研究需求。

第二，计划不利于营造学术图书出版业的竞争环境。竞争机制产生更好的产品，这对于学术图书出版业也是如此。在这一时期，出版学术研究著作所需的费用，由国家财政或者上级主管部门政府全额拨款。出版社不必考虑图书出版的经济效益，一方面，计划经济造成了垄断，垄断必然对生产好的学术图书产品不利；另一方面，计划经济使出版社不关心学术图书的市场效益，出版生产力低。

第三，产品内容容易与需求脱节。学术图书出版在计划经济模式下，出版社是向上级负责的，不是向社会负责的，因为它的利益来自上级，而不是来自社会评价。这就使出版社向上级看，向上级看的结果使部分学术作品与市场需求脱节。

2.1.2 学术图书供不应求

受出版生产力的制约，学术图书供给矛盾已经成为整个市场供求的主要矛盾。这主要体现在以下两个方面。一方面，这一时期的学术图书的平均印数高，出版种类的稳步增长，反映了读者对学术图书的强烈需求。另一方面，当时学术创造空间有限，在一定程度上限制了学术图书在精神生产方面的发展；排版、造纸、印刷等生产技术水平低，这在一定程度上也阻碍了学术图书的物质生产。总体来看，这一时期的学术图书可谓"皇帝女儿不愁嫁"，市场供不应求。

2.1.3 出版社处于附属地位

这一时期的出版社基本上都是纯生产型企业，市场干预和调整的作用可以忽略。编辑的角色也大多局限于对稿件的政治把关和文字处理上，自主选题空间较为狭小。出版社更像是一个精神产品的"来料加工厂"，为完成上级任务而设立。

从客观上评价这一时期的学术图书出版活动，我们认为，计划性生产发展策略作为这个特定的历史时期产物，对学术图书的发展也曾起过积极的作用。这主要体现在以下几个方面。

（1）国家对学术图书出版体系的规划，有利于出版资源的合理配置，国家可以集中精力整理和出版重点学术图书。

（2）国家号召有助于集中最权威的专家和学者，在一定程度上保障了学术图书的出版质量。特别是在学术性古籍的整理出版方面，这种计划生产的优势最为明显。例如，在这一历史时期，国家在规划和协调理论古籍的整理、出版和发行方面发挥了主导和积极作用。先后制定了《三至八年

(1960—1967）整理和出版古籍的重点规划》《古籍整理出版规划（1982—1990）》《关于整理中国古籍的批示》等文件。再如，1956年，第一部组织有序的历史巨著《资治通鉴》，会集了当时中国著名历史学家顾颉刚、周益良、郑天庭、齐思和等数十位知名学者。高质量、高速度堪称一时之盛。① 在这一方面，国家对部分重点扶持学术领域的图书出版进行系统整理和规划，时至今日，对促进当前学术图书出版繁荣发展也有着重要的借鉴作用。

（3）国家规定了选题的出版范围，为这一时期学术图书出版的发展提供了良好的基础条件。

第一，学术图书内容的学术性强，需要专业的图书编辑、作者资源和更专业的发行网络渠道。国家设立的科技出版社和其他专业出版社可以满足这一要求。

第二，国家批准并恢复了部分大学出版社，支持和引导它们正式出版高质量的学术专著和高校学术教材。

此外，国家还直接确定出版机构的出版任务，合理配置各类学术研究图书的整体出版资源。例如，国家规定商务印书馆主要承担各类外国学术书籍的翻译出版工作。

（4）这一时期的学术图书产品整体质量较高。在这一时期，学术图书的生产比较简单，因此不需要依赖市场，学术研究中的功利因素干扰也比较少。

---

① 中华读书报记者. 新中国古籍整理出版的回顾与成绩——访全国古籍整理出版规划小组负责人 [N]. 中华读书报, 2003-09-10 (3).

2.2 学术图书出版：调整和徘徊阶段（1986—1995年）

1986年，中国图书出版总印张数和总印数大幅下降，同比分别下降了22.3%和22.08%。① 在这之后，图书出版总印张数和总印数虽略有回升，但直到1993年，才超过1985年的最高点，中国出版业快速增长的势头已经消失。

这一时期的市场特征表明，图书市场的性质已经从卖方市场转变为买方市场，决定中国各类图书市场发展方向的基本力量正在从供给侧转变为需求侧。然而，在这一转型过程中，由于中国出版业只是被动地适应了这一转型，面对新的挑战，没有做出积极的回应，导致图书市场波动较大，调整和徘徊时间长达9年。②

出版社逐步从简单的生产型向生产经营型转变，走上了自主经营、自负盈亏的整体发展道路，开始注重出版物的经济效益。在学术图书出版问题上，学术图书出版产业进一步提高其市场化程度，重视市场机制的调节作用。

图书出版难是制约这一时期学术图书出版快速发展的主要矛盾。

随着科学技术的快速发展，知识分子更加积极地投身于学术研究中，对学术图书出版的需求数量也日益增加。

同时，国家要求出版社独立经营，基本不再为学术图书出版提供资金支持。这个时期，不言而喻，出版印数较小的学术图书对出版社来说风险

---

① 陈昕. 当前中国出版业需解决的六大问题——"2005中国出版业高层论坛"演讲 [R]. 人民网，2005. 5. 19.
② 陈昕. 中国书业发展的三个阶段与新出版组织的培育：中国书业思考 [M]. 沈阳：辽宁人民出版社，2002.

较大,出版社开始减少学术图书出版数量,出版学术图书的困难日益突出。

为了解决这一难题,国家和出版界做出了不少努力,并采取了许多积极和有效的策略,例如,以书养书、提价、设立出版基金、允许合作出版等。这些策略主要集中在国家政策层面来规范学术图书的出版活动。

2.2.1 以书养书

这主要包括两方面的内容。

(1) 出版行业主管部门向有经济实力的出版社提出指令性指标,要求每年出版高质量的学术图书品种不低于全年新书品种的 1/3。[①]

(2) 一些出版社主动拿出部分利润补贴亏损的学术图书的正式出版。

这种做法的实质是以书养书,即出版社利用部分图书的利润补贴小部分学术图书,以实现收支相对平衡。这一发展举措解决了少数学术图书的出版问题。但是,因为这一部分学术图书的出版运作主要依靠外界资金的资助,所以,以书养书的发展是脆弱的。

另外,为了在经济上支持学术图书出版的发展,出版社更加重视大印数图书的出版和发行,从而忽略了学术图书出版的质量和市场营销。长远看,以书养书这一措施对学术图书出版的促进作用有限。

2.2.2 提高学术图书定价

出版社希望提高价格以弥补损失,使学术图书出版可以尽快在经济上独立。同时,出版行业主管部门对这种做法也表示认同。

国家新闻出版总署 1987 年 12 月 31 日致函中国科学院,回复中国科学院关于申请部分科技图书进行价格改革试点的请示,经国家物价局批准,

---

① 宋原放. 出版纵横 [M]. 上海:上海人民出版社,1998.

学术研究专著、最新学科介绍、著名科学家文集、科学研究资料、小学科的工具书、世界科学名著六类图书印数在 3000 册以下的，可参照成本定价，销售利润率一般不超过 5%。[①]

在此之前，中国图书的定价并不是根据每种图书的实际生产成本来确定的，而是针对图书分类印张限价，也就是说，这一时期的图书定价不能真实地反映生产成本。学术图书的生产周期比普通图书长，生产劳动复杂，但价格与同印张的其他图书相同。只有适当提高学术图书定价，才可以弥补学术图书出版的亏损。

然而，在同一时期，中国居民的生活条件仍然总体处于温饱水平，有限的货币支付能力使读者对高价学术书籍望而却步，从而进一步降低了学术图书的销量。

2.2.3 设立学术图书出版基金

在此时期，学术图书的出版和发行在经济上无法独立。各种学术图书出版的资金来源不稳定。为适应时代发展的要求，学术图书出版专项基金应运而生。

由国家设立的出版基金有：1996 年 7 月，国务院正式宣布批准新设立的"国家科技著作出版基金"等。由各部设立的专项基金有：国家新闻出版署设立了"国家出版基金"，国防科工委设立了"国防科技图书出版基金"等。由各省设立的专项基金有：吉林省设立了"长白山学术著作出版基金"，贵州省设立了"科技出版基金"等。由出版社设立的出版基金有：如 1989 年 12 月中国科学院科学出版社设立的"中国科学院科学出版社基

---

① 新闻出版署. 印数在 3000 册以下的学术著作可参照成本定价 [A]. 中国出版年鉴 1998 [C]. 北京：中国出版年鉴社，1998.

金",1990年7月3日清华大学出版社设立"清华大学学术著作出版基金"等。①

据不完全统计,从1990年到1995年,用于国家重点图书和学术图书出版的资金达1.1亿元,出版图书近千种。②

从这一时期的生产实践来看,学术图书出版基金的设立意义重大,有效缓解了学术图书正式出版的困难。因此,设立专项出版基金是促进学术图书出版发展的良方。

2.2.4 准许协作出版和自费出版

在这一时期,为了解决学术图书出版困难的问题,协作出版(又称合作出版、委托出版)和自费出版应运而生。

协作出版和自费出版的相同之处在于作者分担了出版社出版学术图书的成本压力;与协作出版不同的是,在自费出版中,出版社全面负责书稿的编辑加工、改校样、排版印刷等工作。

值得注意的是,在此时期,国家指定或批准成立专门的出版社从事学术图书的自筹资金出版活动。③ 例如,1996年,新闻出版署批准成立泰山出版社,专门自费出版非营利学术书籍。

1985年1月,协作出版被正式写入出版管理文件,并在1990—1991年又做了特别的调整。出版行业主管部门对协作出版的范围、对象和方式作出了明确规定:图书协作出版的范围仅限于学术专著(后来明确限于科技学术专著、党史和中国共产党组织史);协作对象必须是国家科研文教机构、国营事业单位;协作方式是出版社必须保证最终审核和最终校对,

---

① 许迎辉. 科技出版基金设立十年来的回顾和展望 [J]. 编辑之友, 1991 (1).
② 胡延平. "九五"期间国家经济政策继续向新闻出版业倾向——新闻出版署计材司吴江江司长接受本报专访 [N]. 中国图书商报, 1996-11-01 (1).
③ 孙玉玲. 中国学术图书出版发展研究 [D]. 武汉大学硕士学位论文, 2004: 16.

协作单位承担出版费用,并向出版社缴纳一定额度的管理费、最终审核和最终校对费用。①②

然而,好的出发点并没有收到好的效果,经济利益驱动,加上立法不全、执法不严,直接或间接地导致出版社片面追求经济效益,而忽视考察学术图书的学术价值。这也启示我们:学术图书出版是一项系统工程,只是改革一两个环节,而不是改进制度管理,尤其是相关制度建设跟不上,结果很可能与初衷背道而驰。

2.3 学术图书出版:新的增长阶段(1995—2017年)

陈昕在《中国出版产业发展阶段研究》一书中指出:"1995年,中国出版业终于结束了长达9年的调整和徘徊。图书出版总印张数首次突破300亿元大关,达到316.78亿元,比1994年增长6.6%;图书纯销售额为186亿元,比1994年增长37.8%。1996年,中国图书出版业继续以强劲势头发展,这一年图书出版总印数首次超过历史最高点1984年的66.73亿元,达到71.88亿册,比1995年增长13.2%;图书出版总印张数达360.45亿元,比1995年增长13.8%;图书销售总金额达557.4亿元,比1995年增长49.7%;图书纯销售额达267亿元,比1995年增长43.5%。这几年各项指标大幅增长的情况表明,中国出版业进入一个新的增长阶段。"③

导致中国出版业新一轮增长的原因,主要有以下几个方面。

一是中国国民经济的持续增长;

---

① 潘国彦. "协作出版"——多少错误以你为盾牌多少好书待你去催生[J]. 出版研究, 1993 (2).
② 一鸣. 协作出版面面观[J]. 出版研究, 1993 (2).
③ 陈昕. 中国图书出版产业发展阶段研究[N]. 出版商务周报, 2006-07-31.

二是出版业内部结构的调整和管理的加强；

三是营销手段的改进也产生了明显的作用；

四是图书市场也开始逐步好转。

1995年以来，整个图书市场从卖方市场转向买方市场，学术图书出版发行市场的竞争激烈，使出版社开始关注学术图书的市场化运作模式。外部环境的诸多变化，在一定程度上促使学术图书的出版完全市场化。

这一时期，在学术图书市场化程度提高的宏观发展环境下，其产业特征主要有：出版社加大宣传推广力度，学术图书内容策划逐步大众化，发行渠道的增加，品牌竞争凸显，引进版权和输出版权活跃。

2.3.1 出版社加强宣传推广

1995年以后，中国出版的学术图书品种日趋增长。这一时期，出版社开始逐步关注如何让书店、读者知道某种学术图书的存在和其学术价值。因此，出版社开始加强对学术图书的宣传和推广，这对于提高学术图书的品牌知名度和市场销量起到了积极的作用。

例如，1992年，湖南科技出版社出版《时间简史》的时候，首印数只有3000册。在首印前，出版社对这类学术图书的出版很犹豫，为了印不印、印多少，开了很多次会。但是，该书编辑在图书宣传上，通过媒体有意识地放大了该书作者的"传奇"力量及其思想的魅力，让这本书在出版3年后开始畅销起来。该书出版后，许多书店认为这套学术图书太艰涩、高深，没有订货兴趣。该书作者在我国知名度低、内容过于艰深，是该书的弊端。然而，该书作者的经历就是一个传奇励志的故事：霍金肢体运动能力几乎全部丧失，靠语言合成器写作，他文笔优美，使得该书具备了一种审美的力量，而这也让这本书看起来不仅仅是一本单纯的学术图书。在编辑的精心策划下，该书作者霍金的传奇故事不断通过媒体发布出来，进而使得该书"慢热起来",也就开始有书店陆续添货,从而使图书慢慢畅销起来。至于后来出版方邀请霍金来中国演讲,举办推广活动,都是该书热销之后的"锦上添花"的市场推广行为。① 笔者认为,这本学术图书畅销的关键在于宣传有效。

2.3.2 学术图书内容策划逐步大众化

与普通商品不同,对于学术图书来说,消费者能否接受学术图书还得看读者能否接受和消化图书的内容。鉴于此,近年来,学术图书出版企业为了使学术图书的内容更贴近大众,做了许多积极和有效的探索。

(1) 在这一时期,图书选题内容上更倾向于定位在大众化、普及型的学术图书产品

例如,传统的学术图书出版社——三联书店和商务印书馆都是以高级知识分子为主要读者对象的,所出的学术图书内容相对专业、深奥,江苏人民出版社注意到这一问题,避其锋芒,推出了以普通大学生、学术文化部门工作人员、党政机关工作人员为主要读者对象的"知识分子"丛书、《剑桥文丛》等大众型学术图书,收到了良好的市场成效。

(2) 在内容的表达方式上,学术图书策划倾向于采用大众语言创作

一方面,学术图书的编辑和作者在学术图书的创作中,倾向于以通俗易懂、简单的话语表达和传播学术思想,例如,《苏菲的世界》等。

另一方面,经过实践证明,学术图书图解画本可以拉近学术图书与普通读者之间的距离。例如,一大批如《图解通信辞典》等图解类画本学术图书的推出,是学术图书大众化的有益探索。与传统纯文本相比,这类书籍的图文表达形式使学术思想的直接表达更加直观和丰富,也大大增加了

---

① 经典营销30案例 [N]. 中国图书商报,2008-01-08(http://www.cbbr.com.cn/info.asp?ID=14403&ArticlePage=1).

学术图书对普通读者的亲和力，让读者不再对学术图书讳莫如深。

2.3.3 发行渠道的增加

在学术图书市场逐步转型的过程中，学术图书出版的主要矛盾已被图书"购销难"取代。具体来说，最需要学术图书的研究者往往很难买到他们所需要的书籍，而学术图书很难由出版社送到读者手中，因此出现了供需错位。增加学术图书发行渠道，是这一时期学术图书出版产业提高市场化程度的重要举措，具体表现在以下方面。

（1）诞生了一批民营学术书店

1988年，图书发行体制改革后，图书市场上逐渐兴起一批发行主力军——民营书店。这是因为学术图书市场出现了缺口，一批高素质的知识分子开始涉足这一领域，开办民营大型学术书店蔚然成风。例如，刘苏里1993年开办了第一家以销售学术图书为特色的民营书店——万圣书园，成就斐然。自那以后，陆续涌现了一大批学术书店，为学术图书的发行注入了新的活力。

明确的市场定位是学术书店的一大特色。例如，位于南开大学新图书馆的书香缘书店把读者定位于"准备攻博的硕士生、在读博士生，以及大学的教授和副教授"；长春的学人书店则"以学术图书为经营定位，以中高层知识分子为目标消费群体"作为自己的目标客户群体。这些学术书店以其高品位和鲜明的学术特色赢得了读者的青睐。

此外，学术书店还通过举办专家讲座、学术研讨会、图书签约、图书艺术交流等活动，进一步促进学术图书的销售。

简言之，在这一时期，增设民营学术书店对扩大中国学术图书的销售作出了突出贡献。

（2）组建联合学术图书发展公司，探索学术图书直销渠道

与教育类图书和大众出版的图书相比，由于其典型的多品种、小批量特点，学术图书极适合以联合建中盘的形式开展销售活动。因为联合建中盘的配送可以减少流通环节和流通成本，进一步降低配送成本，进而实现规模化经济。让利于读者，可以刺激学术图书市场需求的快速增长。

鉴于此，1995年，由中国出版工作者协会（2011年4月18日，经民政局批准，更名为中国出版协会）人民出版社工作委员会倡议，23家出版社联合成立了联合学术图书发展公司。按照现代企业制度，联合学术图书发展公司在全国主要城市设立了分支机构，充分利用计算机技术开展图书直销活动。①

遗憾的是，在当前的市场环境下，联合学术图书发展公司规模太小，所起作用十分有限。从理论上而言，这类学术图书联合发行体在未来应该会有更大的发展。

（3）网上学术书店之学术图书销售新模式

与一般图书相比，学术图书的销售速度明显慢于其他图书，容易造成库存积压。而大多数出版社要求三个月结账，这给传统学术书店经营带来了困难。要求出版社对学术图书放宽结账期，制定不同的收款政策，这在短时间内很难实现。

网络技术的飞速发展为学术图书的销售开辟了新的途径，使学术图书的销售可以突破时间和空间的限制，成为促进学术图书流通的有益尝试。网上书店，如当当网上书店（www.dangdang.com）、京东网上书店（www.jd.com）等，有助于解决学术图书的库存问题的天卷图书流通网

---

① 中国出版年鉴社. 23家出版社参股组建联合专业图书发展公司 [A]. 中国出版年鉴1996 [C]. 北京：中国出版年鉴社，1996.

（www.book321.com），等等。①

2.3.4 品牌竞争凸显

品牌竞争是现阶段任何商品在市场竞争中的重要标识。这对于学术图书而言，也不例外。

在此期间，学术图书出版社精心维护出版社的机构品牌和图书产品品牌。

（1）在外在形式上，出版社注重塑造新的学术产品品牌

例如，为了塑造"世纪文库"这个学术图书品牌，上海世纪出版集团特意要求平面设计师为其定制品牌标识（LOGO）。另外，关注项目"东方书林之旅"的读者可以发现，东方出版社为这6本书特意制作星座徽标，精制内封用高级牛皮纸，精制外封用高级乌光铜版纸，印制内文用独特的米黄色胶版纸。②

这一时期，越来越多的出版社开始着重在其出版的特色学术产品的封面装帧、版式、开本和用纸等整体包装上下功夫，以期在学术图书的外在形式上有所突破，从而打造特色品牌效益。

（2）以经典和知名专家打造学术产品品牌

在市场竞争中，学术图书能否经得起考验，获得读者的认可，取决于学术图书的内容质量是否优秀。从这个角度讲，学术经典和名家作品的内容质量当然更有保障。

举个例子，2006年3月，上海世纪出版集团和复旦大学启动了"中国改革三十年研究与出版工程"，聘请林毅夫、樊刚、史正夫、陈平平等著

---

① 孙玉玲. 中国学术图书出版出版发展研究［D］. 武汉大学硕士学位论文，2004：16-20.
② 方鸣. "东方书林之旅"行动［N］. 中国图书商报，1995-01-23.

名学者组成工程指导委员会，负责课题申请书的遴选、研究工作的指导，以及成果验收、评定等。来自中国科学院、北京大学、中国社会科学院、复旦大学等科研院所的姚洋、胡如茵等14名专家被正式聘请为专题研究人员，承担了12个关系国计民生的重大课题。学术出版的经营理念是，与经典和知名专家一起打造新的学术产品品牌。"以经典和知名专家打造学术产品品牌"的经营思路显而易见。①

（3）通过规模出版创建学术品牌

一本学术图书在众多图书的整体市场中很容易被忽视。大规模出版（这里的大规模出版是指以"文集""多卷"或"丛书"的形式出版），比零散出版更能有效地树立学术图书的品牌。例如，东方出版中心出版的"中国学术"丛书，电子工业出版社出版的"工业智能与工业大数据系列"丛书（14本），等等。

2.3.5 引进及输出版权活跃

这一时期，随着全球化进程的加快，渴望了解国外科学前沿科技的高层次知识型读者的需求更强，这也导致了学术图书引进版权市场的进一步扩大。当国家的文化环境相对宽松时，出版企业在选择学术图书的内容方面有了更大的自主权。进口的学术图书经受住了国外图书市场的考验，内容质量和经济效益有一定的保证。这些都有利于出版企业提升高端品牌形象。在这种背景下，引进版学术图书的出版逐渐形成高潮。

这一阶段，综合而言，引进版学术图书出版有如下特点。

（1）出版规模大，成系列。例如，从1999年开始，电子工业出版社先后出版了《国外计算机科学教材系列》，已出版百余种。

---

① 巨资出版工程招标初步完成——世纪集团、复旦大学联手反映改革开放三十年成果［N］.中国图书商报，2007-10-30（www.cbbr.com.cn/info.asp? id=13067）.

（2）逐步扩大引进版学术图书选题范围。出版选题也开始涉足一些以前被忽视的学科领域。例如，《新闻传播学译丛》由新华出版社出版。新推出的这类新兴学科的学术丛书，对尽可能广泛的选题覆盖和全方位的学术图书出版做出了宝贵的探索。

另外，随着国际文化交流逐年增多，以及中国科技和经济实力的增强，其他国家对中国文化和新技术的关注越来越多，这也为学术图书出版"走出去"战略的实施提供了良好的发展环境和平台。

例如，2007年11月，《巴黎关系》一书由中国轻工业出版社和西班牙SPA出版公司以中文、英文、法文三种语言正式出版发行。在这本书北京的首发仪式上，中国摄影家协会的专家、法国大使馆文化专员、西班牙SPA出版商和中国轻工业出版社的领导等30余人一起参加了座谈。① 《巴黎关系》实现了国内外同步出版的全新版权合作模式，也是中国轻工业出版社版权输出贸易的新突破和"走出去"战略的又一次成功实践，并提供了学术图书出版发展可供借鉴的版权输出模式。

2.4 学术图书出版：稳健发展阶段（2018年至今）

时代奔涌向前，思想从未停歇。近年来，随着中国科研实力的迅速提升，服务于新时代中国特色社会主义伟大事业的学术图书出版的作用日益彰显，国际影响力不断增强。

随着出版生态的不断变化，融合发展势在必行。创新项目层出不穷，新技术不断迭代，新渠道变革升级……对于整个出版行业来说，这无疑是

---

① 轻工社"走出去"战略再次全新实践——《巴黎关系》摄影集中、英、法版本同步出版 [D]. 中国图书商报，2007-11-16（www.cbbr.com.cn/info_ 13524.htm）.

一个机遇和挑战并存的时代。

2.4.1 出版企业特色发展，各学科学术图书出版发展不均衡

根据《中国图书引证统计分析数据库》的数据（数据库更新日期为2019年12月16日），对2010年至2019年数据库收录图书种数2797280种，被引频次达5380110次的数据进行分析，发现TOP100出版单位类型分布及图书总被引频次情况，如图2-1所示。①

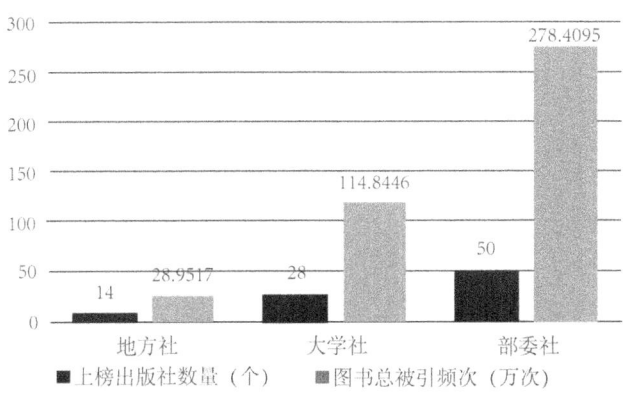

图2-1 TOP100出版单位类型分布及图书总被引频次

从图2-1中的总引用频率中，我们可以看到近10年来各种专业学科的使用和关注程度，以及它们在学术交流中的作用和地位。

分析2010—2019年各一级学科图书出版数量与被引频次（表2-1）的数据，我们可以发现，目前，在22个一级学科中，政治、法律类总被引频次排名第一，这也反映了该学科在近10年的学术研究中活跃程度最高。一级学科：马克思主义、列宁主义、毛泽东思想、邓小平理论类图书的书均被引频次最高，达到7.25次，这也从侧面印证了目前学术图书市场上，这

---

① 科学出版社. 学术出版哪家强？| 2010-2019年图书学术影响力报告 [D]. https://www.sohu.com/a/376879171_410558, 2020-03-01.

类学术图书的学术质量高。① 通常我们认为，书均被引频次越高，越能从间接上表明该图书的出版学术价值和学术质量越高。

表 2-1 2010—2019 年各一级学科图书出版数量与被引频次

一级学科	出版图书数量	总被引频次	书均被引频次
文化、科学、教育、体育	866158	571607	0.66
文学	407549	276222	0.68
工业技术	238898	867801	3.63
经济	215999	654758	3.03
艺术	192768	201194	1.04
历史、地理	150075	279517	1.86
政治、法律	146939	1014297	6.90
医药、卫生	136436	345528	2.53
语言、文字	117555	183807	1.56
哲学、宗教	76933	273135	3.55
社会科学总论	35217	181470	5.15
农业科学	34008	58920	1.73
数理科学和化学	33178	125815	3.79
综合性图书	29427	25326	0.86
交通运输	27068	75698	2.80
生物科学	24407	40171	1.65
天文学、地球科学	21134	66260	3.14
环境科学、安全科学	16435	53352	3.25
军事	12421	14611	1.18
自然科学总论	5906	18954	3.21

---

① 科学出版社. 学术出版哪家强？| 2010—2019 年图书学术影响力报告 [D]. https://www.sohu.com/a/376879171_410558, 2020-03-01.

续表

一级学科	出版图书数量	总被引频次	书均被引频次
马克思主义、列宁主义、毛泽东思想、邓小平理论	5009	36306	7.25
航空、航天	3760	15361	4.09

分析表2-1,我们能发现文化、教育、科学、体育与文学类出版图书数量多,热度高,但书均被引频次却与之成反比,出版的学术图书质量需要进一步提高。工业技术、法律、航空、航天等学术图书虽然出版品种不多,但被引频次较多,说明这些门类出版的产品虽然数量不多,但产品精。

让我们再来分析2010—2019年出版单位首次图书出版总被引频次TOP20的相关数据,参见表2-2。表2-2中的书均被引频次侧面印证着相关出版单位出版的学术图书的学术质量和学术价值。在这方面,我们发现,北京大学出版社、中国人民大学出版社、人民出版社、法律出版社、中华书局、国防工业出版社书均被引频次超过10次,其学术产品质量和学术图书品牌相对能经得起市场考验。

表2-2 2010—2019年出版单位首次图书出版总被引频次TOP20

序号	出版单位	图书数量	总被引频次	书均被引频次
1	科学出版社	34385	225446	6.56
2	北京大学出版社	14097	207143	14.69
3	机械工业出版社	33260	179121	5.39
4	清华大学出版社	30369	169237	5.57
5	中国人民大学出版社	15087	168833	11.19
6	人民出版社	11976	167162	13.96
7	法律出版社	13156	158738	12.07
8	人民卫生出版社	15670	144683	9.23

续表

序号	出版单位	图书数量	总被引频次	书均被引频次
9	电子工业出版社	28474	134900	4.74
10	社会科学文献出版社	13945	129768	9.31
11	高等教育出版社	23949	116437	4.86
12	商务印书馆	10677	105379	9.87
13	中国社会科学出版社	16214	95725	5.90
14	人民邮电出版社	29196	90437	3.10
15	中华书局	6953	86330	12.42
16	化学工业出版社	26702	81262	3.04
17	北京师范大学出版社（集团）	14527	76319	5.25
18	中国建筑工业出版社	12104	71156	5.88
19	上海人民出版社	6879	58609	8.52
20	国防工业出版社	4929	52067	10.56

另外，根据表2-2的数据可知，2010—2019年出版单位首次图书出版总被引频次TOP20中超过半数的是中央（部委）出版社。这是因为作为计划经济时代的产物——中央（部委）出版社由中央部委和行业协会主管，以服务党和国家的工作大局为使命，以为相关行业的发展而服务为责任，掌握着大学社和地方社所不可能具备的丰富的出版资源，因此，其出版的学术图书学术质量相对较高。

我们再来看下2010—2019年中央（部委）出版社首次图书被引用频次TOP10的相关数据，详见表2-3。

表2-3　2010—2019年中央（部委）出版社首次图书被引用频次TOP10

序号	出版单位	优势学科	总被引频次
1	科学出版社	数学、植物学、化学	225446

续表

序号	出版单位	优势学科	总被引频次
2	机械工业出版社	金属学与金属工业、机械、仪表工业、电工技术	179121
3	人民出版社	马克思、恩格斯、列宁、斯大林、毛泽东、邓小平著作及其汇编、中国共产党、中国哲学	167162
4	法律出版社	民商法、经济法、诉讼法	158738
5	人民卫生出版社	外科学、临床医学、内科学	144683
6	电子工业出版社	通信技术、程序语言、算法语言、电子技术	134900
7	社会科学文献出版社	社会学、中国阶级结构与社会结构、政治学、政治理论	129768
8	高等教育出版社	数学、中等教育、化学	116437
9	商务印书馆	汉语研究、各国哲学、经济学	105379
10	中国社会科学出版社	中国文学评论和研究、宗教、政治学、政治理论	95725

从表2-3的数据来看，各中央（部委）出版社在多年激烈的市场竞争中，在这一时期，都已经形成了自己的学术图书出版优势学科，在读者心中在某些特定学科，已经有一定的专业特色品牌优势。

纵观近年来图书出版发展现状，我们可以发现，多数大学出版社依托其母体大学的学科优势，往往能在某些领域发挥其强势影响力。

如表2-4所示，大学出版社总被引频次TOP10前三名的北京大学出版社、清华大学出版社、中国人民大学出版社都有其特色优势出版学科领域。北京大学出版社聚焦在法学与经济学、文学理论学科领域；清华大学出版社聚焦在计算机技术、程序语言、通信技术等学科领域，以理工科见长；而中国人民大学出版社聚焦于民商法、政治学、政治理论、社会学等学科领域。

表 2-4 2010—2019 年大学出版社首次图书被引用频次 TOP10

序号	出版单位	优势学科	总被引额次
1	北京大学出版社	民商法、中国文学评价和研究、经济法	207143
2	清华大学出版社	程序语言、算法语言、程序设计、数据库、软件工程、自动化基础理论、技术及设备	169237
3	中国人民大学出版社	民商法、政治学、政治理论、社会学	168833
4	北京师范大学出版社（集团）	中等教育、教育学、高等教育	76319
5	浙江大学出版社	中等教育、高等教育、中国文学评价和研究	43471
6	复旦大学出版社	新闻事业、中国文学评价和研究、信息与传播理论、传播事业	39459
7	中国政法大学出版社	民商法、诉讼法、法律理论	38671
8	华东师范大学出版社	中等教育、教育学、心理学	38620
9	武汉大学出版社	测绘学、国际法、中国文学评价和研究	30683
10	广西师范大学出版社集团	中国文学评论研究、中国哲学、宗教	28937

从地域上看，上海作为中国近现代出版业的起源之地，无疑是中国学术出版的重镇，在内容积累和学科建设上都有着明显的优势。表 2-5 中的出版单位，有 6 家来自上海。

表 2-5 2010—2019 年地方出版社首次图书总被引频次 TOP10

序号	出版单位	优势学科	总被引频次
1	上海人民出版社	政治学、政治理论、经济学、社会学	58609
2	上海古籍出版社	中国文学评论和研究、中国哲学、中国诗歌、韵文	46761
3	江苏译林出版社	欧洲文学、美洲文学、政治学、政治理论	32053
4	上海译文出版社	欧洲文学、美洲文学、各国哲学	22228
5	江苏人民出版社	政治学、政治理论、各国哲学、中国哲学	19557
6	上海三联书店	中国文学评论和研究、宗教、经济学	14902
7	上海科学技术出版社	数学、中药学、内科学	14068
8	浙江人民出版社	中国地方史志、社会学、中国人物传记	13499
9	上海格致出版社	经济学、社会学、数学	13267
10	山东人民出版社	法律理论（法学）、政治学、政治理论、社会学	11809

从总被引频次排名情况来看，我们也能看出现阶段中国各学科的核心学术出版单位情况，详情参见表 2-6。

表 2-6 2010—2019 年各一级学科出版图书总被引频次 TOP3 出版单位情况一览

学科	出版单位	图书数量	总被引频次	书均被引频次
工业技术	机械工业出版社	16276	104734	6.43
	电子工业出版社	12406	93847	7.56
	清华大学出版社	13838	84640	6.12
航空、航天	国防工业出版社	468	4592	9.81
	中航出版传媒有限责任公司	384	2649	6.90
	科学出版社	229	1404	6.13

续表

学科	出版单位	图书数量	总被引频次	书均被引频次
环境科学、安全科学	科学出版社	1172	8805	7.51
	中国环境出版集团	1856	6008	3.24
	化学工业出版社	836	4784	5.72
交通运输	人民交通出版社	4438	23368	5.27
	中国铁道出版社	3181	11179	3.51
	机械工业出版社	2295	7579	3.30
经济	机械工业出版社	6113	43886	7.18
	中国人民大学出版社	4786	33079	6.91
	经济科学出版社	8405	29917	3.56
军事	国防工业出版社	528	3099	5.87
	军事科学出版社	331	1184	3.58
	国防大学出版社	357	761	2.13
历史、地理	中华书局	1772	19686	11.11
	商务印书馆	1679	11170	6.65
	上海古籍出版社	1131	10550	9.33
马克思主义、列宁主义、毛泽东思想、邓小平理论	人民出版社	497	13119	26.40
	中国人民大学出版社	181	2320	12.82
	中国社会科学出版社	348	2285	6.57
农业科学	中国农业出版社	5220	13988	2.68
	科学出版社	1296	9241	7.13
	中国林业出版社	1374	5232	3.81
社会科学总论	中国统计出版社	1795	22154	12.34
	中国人民大学出版社	844	16805	19.91
	北京大学出版社	470	12281	26.13

续表

学科	出版单位	图书数量	总被引频次	书均被引频次
生物科学	科学出版社	1787	14058	7.87
	高等教育出版社	464	4169	8.98
	化学工业出版社	512	1904	3.72
数理科学和化学	科学出版社	3418	24201	7.08
	机械工业出版社	895	10958	12.24
	高等教育出版社	2454	10911	4.45
天文学、地球科学	科学出版社	1519	14894	9.81
	地质出版社	1631	11236	6.89
	气象出版社	1082	4346	4.02
文化、科学、教育、体育	北京师范大学出版社（集团）	9170	50328	5.49
	高等教育出版社	4344	29793	6.86
	北京大学出版社	1414	24154	17.08
文学	上海古籍出版社	1120	18780	16.77
	北京大学出版社	1069	16091	15.05
	中华书局	1336	15282	11.44
医药、卫生	人民卫生出版社	14424	141284	9.80
	中国医药科技出版社	5948	41332	6.95
	人民军医出版社	5132	24122	4.70
艺术	北京大学出版社	487	9500	19.51
	广西师范大学出版社集团	735	4249	5.78
	人民美术出版社	2717	4126	1.52
语言、文字	商务印书馆	1703	23008	
	外语教学与研究出版社	8226	20536	2.50
	北京大学出版社	1783	11612	6.51
哲学、宗教	中华书局	957	29984	31.33
	商务印书馆	1745	18585	10.65
	中国人民大学出版社	922	13618	14.77

续表

学科	出版单位	图书数量	总被引频次	书均被引频次
政治、法律	法律出版社	11937	151647	12.70
	人民出版社	3370	92290	27.39
	北京大学出版社	2200	78112	35.51
自然科学总论	科学出版社	311	6800	21.86
	北京大学出版社	48	1487	30.98
	国防工业出版社	38	1290	33.95
综合性图书	上海辞书出版社	139	3925	28.24
	上海古籍出版社	189	3329	17.61
	中华书局	477	2812	5.90

总而言之，在这一阶段，中国的学术图书出版市场，经过多年激烈的市场竞争，已经初步呈现出各出版企业寻求特色发展，各学科学术图书出版发展不均衡的发展态势。

2.4.2 业界期待高质量、高水平的精品力作

图书出版属于意识形态领域，必须坚持正确的政治方向、出版导向和价值取向。

图书出版，需要行业主管部门统一核发书号和 CIP 数据。2018 年以后，出版工作紧紧围绕党和国家中心工作，以高质量发展为目标，坚持社会效益放在首位，实现社会效益和经济效益相统一。行业主管部门加大管理力度，对抽查到不合格图书的出版社的书号进行核减。

2017 年 8 月，原国家新闻出版广电总局办公厅下发《关于重申"三审三校"制度要求暨开展专项检查工作的通知》，明确指出要严格执行"三审三校"制度，确保图书质量。[①] 在这种新的出版形势下，2018 年，行业

---

① 中国新闻出版广电网. 新闻出版广电总局重申严格执行图书"三审三校"制度 [EB/OL]. [2018-08-17] www.xinhuanet.com/zgjx/2017-08-17/c_136532760.htm.

主管部门核发的书号比上一年减少了10万个,相当于在2017年约30万个书号的基础上减少了三分之一。2020年,有关部门再度出手,严控出版质量,书号申请的要求提高。2022年,中宣部出版局书号核发坚持内容质量第一,突出精准化、科学化、标准化、增强有效优质供给,压缩低效无效供给,这让出版社的书号再次成为一种稀缺资源,也在一定程度上对学术图书出版提出了更高的要求。

中国社会经济的高速度、高质量发展,呼吁出版界推出高质量、高水平的学术图书精品力作。出版业面对的不平衡、不充分的问题,不是一道简单易解的试题,而是必须经过十分努力、辛苦、坚忍才能翻越的一座座山峰。在以新发展理念推动出版业高质量发展的背景下,学术图书出版步入了稳健发展阶段。探讨和研究中国学术图书出版产业的发展,有必要先审视一下出版业当前所处的环境和基础。

2.4.3 学术图书出版产业外部宏观环境深刻变革

从外部环境看,一是受新冠肺炎疫情影响,世界范围内的经济萎缩,对中国出版业的影响不可小觑,出版业可能随大的趋势而波动;二是整个社会科技文化的进步和发展,大数据、人工智能等现代科技文明对出版的融合发展,使出版业产生深刻变化。

从政策层面看,拉动内需、刺激消费是未来中国社会经济发展的重要手段,国家对文化产业的支持力度只会逐步加强,不会减弱。党的十九大以来,党和国家对出版业的优惠政策没有改变,因为促进出版业未来的稳健发展符合党和国家的战略布局。

从需求层面看,"十四五"期间,我国居民的购买力逐步提高,人们对精神生活的需求也会进一步提高,文化消费水平肯定逐步提升,并且更加多元化;随着全民阅读的进一步推广,读者阅读意愿一定会有所增强,阅读习惯也会有所改变，对出版的学术图书产品的形式、要求也会更加多元化。

从出版行业看，多年的改革和发展使一大批学术出版主体获取了丰富的成果，在未来的竞争中更具优势，强者恒强。少数效益下降的出版社要克服疲怠和消沉，只有振作精神，才能有所作为。

综上所述，对出版业而言，未来五年，中国学术图书出版产业有党和政府关于宣传文化的政策护航，有全社会阅读需求的促进，有成熟的出版产业链基础支撑，学术图书出版发展趋势必然向好，依然会有巨大的发展空间。作为出版人，我们要顺应形势，与时俱进，为学术图书出版作出应有的贡献。

第3章　中国学术图书出版的主要问题

改革开放以来,特别是 1995 年以来,学术图书出版进入新的增长阶段,中国学术图书出版取得了长足的发展,市场化运作日趋成熟。出版社涉足该出版领域也更趋理性,从整体上看,学术图书出版发展稳中有升。

但是,在学术图书出版产业的发展过程中,不可避免地会出现一些问题,中国出版产品结构失衡问题仍很突出,学术图书出版竞争力仍然薄弱。

在这一章行文开始,首先,让我们回顾一下《中国图书商报》2003 年发起的《关于读者对图书市场及相关问题评价的调查》结果,如表 3-1 所示。虽然时间跨度比较大,但是这个调查结果至今仍然能反映当前中国学术图书出版产业各界人士需要关注的一些主要问题。

表 3-1　读者对图书市场缺憾度的认知①

出现的问题	所占百分比（%）
书价太高	29.3
书的内容重复太多	17.8
好书太少	14.6
盗版书泛滥	12.9
跟风出版	9.8
向读者传递的图书信息太少	5.5
印刷质量太差	4.0
书店购书方便程度不够	3.3
书评太差	1.3
其他	1.6

以上调查结果显示，消费者对中国图书产品缺陷（如市场书价太高、书的内容重复太多、好书太少、印刷质量太差）的市场缺憾度认知占65.7%；而对图书出版资源配置不合理（如盗版书泛滥、跟风出版）的市场缺憾度认知占22.7%；对图书流通渠道不畅（如向读者传递的图书信息太少、书店购书方便程度不够、书评太差）的市场缺憾度认知占10.1%。具体到学术图书出版，主要表现在以下方面。

3.1　学术图书产品缺陷

学术图书产品缺陷突出表现在其产品品质在一定程度上存在缺陷，产品结构与市场需求结构相比不合理，产品价格与部分潜在消费者愿意支出的购买成本相比偏高三个方面。

---

① 关于读者对图书市场及相关问题评价的调查 [N]. 中国图书商报，2003-05-23.

3.1.1 产品品质存在缺陷

这可以从学术图书产品的内容和形式两方面来分析。

通过分析图书的内容,我们了解到,学术出版市场活跃程度的标志是具有作者观点的学术信息。在学术图书的选题策划方面,国外普遍的做法是遵循学术的规律,出版社的学术编辑始终与作者保持紧密的联系,出版社认为有学术价值便出版,很少存在出版社逼学术图书作者出稿的情况。然而,中国出版的学术著作大多只有一种模式:起源、原则、意义、背景,学术主要观点很少。有些学术图书内容重复,品质低,无创新点。究其原因,主要有以下几点。

其一,优秀学术图书作者难觅。许多高校和科研机构提倡科研工作者"多出成果、快出成果",学者和专家做学问的心态发生了变化,甘于清贫、愿意潜心投身创作的作者数量减少,这直接影响了学术图书产品的品质。甚至有的学术图书的作者仅仅为了评职称而出版所谓的"学术专著",类似的学术腐败现象造成了学术图书内容质量的滑坡。

其二,在传统编辑体制下,编辑自毕业之后再次学习的机会较少,编辑素养不足,造成了对学术图书的审稿和编辑水平下降。另外,高学术素养的学术图书策划和加工编辑的缺乏,间接影响了学术图书的内容质量。

其三,价值判断问题。在一定程度上说,学术图书应该是一门学科或领域的前沿理论,或者是前沿科技成果,有极强的学术性。即使是学术图书编辑,也往往难以准确地游走在学科发展的前沿,因此,缺乏高水平的学术图书编辑,为学术图书的选题策划,学术图书编、校、译质量的把关等,都带来了较大的掌控难度,这也是目前有些学术图书产品质量不高的主要原因之一。

其四,多家出版社参与学术图书的出版。在学术图书出版补贴或基金支持下，学术图书出版能力大为增强。而与此同时，优质稿源有限，难免出现低水平重复出版、所出产品良莠不齐的现象。

从学术图书外在形式来看，由于学术图书出版利润较低，多数出版社在经济效益短视行为的驱动下，不重视此类非畅销的常销书的外在装帧和包装。部分学术图书的外在装帧和内在版式设计上不理想，用纸粗糙、书名老套、开本设计停滞不前、封面设计缺乏创新。

3.1.2 产品结构不合理

现有的学术图书产品结构难以满足市场的多元化需求。从所属学科上看，例如，有些学科备受市场追捧，如经济管理类，造成选题重复、库存积压；而有些学科冷僻，尽管市场上有需求，但因为预计需求量较小，此类学术图书供给短缺。

从内容层次上看，尽管有一些出版社开始走普及化发展之路："小众图书，大众阅读。"但是，因为难觅优秀的学术图书作者，造成许多学术图书产品的表达方式仍然过于严肃、艰深，让读者退避三舍，望而生畏，从而抑制了一部分读者的购买需求。

3.1.3 产品价格不合理

2003年，相对于大多数人的收入水平，整个中国学术图书市场的图书总体价格相对较高（1印张价格通常在人民币4元左右）。图书价格偏高在一定程度上制约了一部分潜在消费者的购买行为，在一定程度上形成了部分学术图书的无效供给。

一般而言，除了少数某些学术领域的权威学者、专家所创作的经典学术图书之外，相对于大众出版和教育出版的图书而言，学术图书的价格需求弹性是较大的。这主要是由于以下原因。

其一，根据当时的经济文化状况，图书还没有成为人们生活的必需品。对于大多数人而言，在收入等原因的影响下，图书还只是"化妆品"。在读者对部分学术图书的需求和依赖程度极其有限的情况下，价格的杠杆作用比较大。书价偏高会抑制部分学术图书的市场购买需求。

其二，随着互联网等新技术的发展，越来越多的潜在购买者在学术图书价格偏高的情况下，将对某些学术图书的需求，转化为通过网络、期刊等其他媒体寻求替代品，从而转向消费其他产品，造成了学术图书的无效供给。

但是，翻阅《2021年中国图书市场研究报告》，我们可以发现：读者对知识付费意愿正在逐步提高；人均购书金额逐年上涨；与此同时，图书购买量的增加也在一定程度上推动了图书消费的增长；用户花钱买书的意愿有所提高。具体表现如表3-2所示。

表3-2 2020年用户购书情况一览

2020年用户购书情况	占比情况
购书金额集中在200~500元的用户	43.6%
购书金额在500元以上的用户	与2019年相比，提升6.1%

2021年4月23日，京东研究院联合京东图书发布了《2021京东阅读数据报告》，通过大数据方式探讨人们的消费习惯和消费需求。报告指出，2020年，用户人均购买图书支出比2018年增长3.3%，具体参见图3-1、图3-2。① 人均支出增长的一小步，即图书市场增长的一大步。

---

① 京东：2020年人均购书支出较2018年增长3.3% [EB/OL]. http：//jnec.jnbusiness.jinan.gov.cn/content-27-36801-1.html.

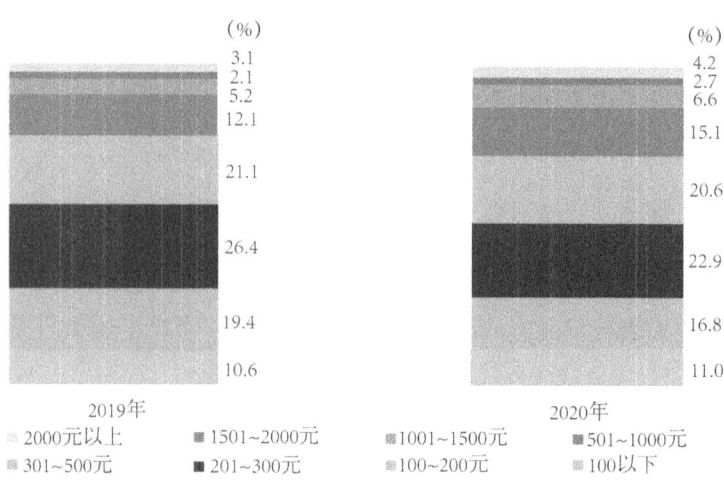

图 3-1　2019—2020 年中国线上图书用户购买金额

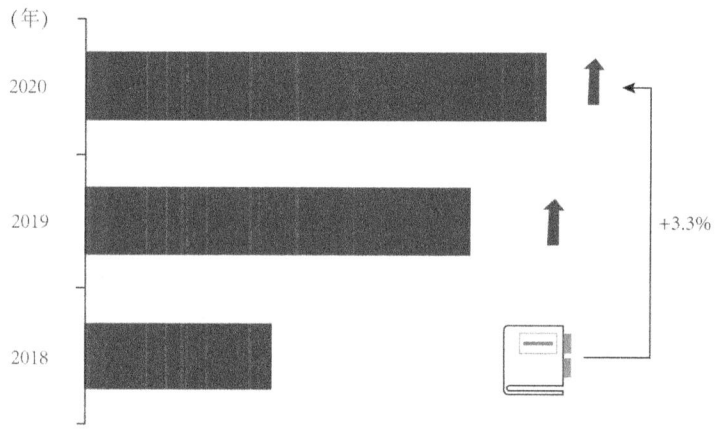

图 3-2　2018—2020 年中国线上图书用户人均购买金额增速

因此，在现阶段，学术图书出版由于考虑其市场商品属性和盈利性，产品定价上可以根据宏观外部环境的变化酌情定价。对于一部分经典权威之作，适当合理定价，这也能在一定程度上降低出版企业的生产成本压力。

3.2 学术图书出版资源配置不合理

构成图书出版一系列活动的各种要素的集合统称为出版资源。相对于人们对学术图书的需求来说,学术图书出版资源是有限的、稀缺的。

因此,出版企业必须优化配置、合理利用各种学术图书出版资源,力争提高资源利用率。

目前,中国学术图书出版资源的利用状况是既浪费,又稀缺,这种学术图书出版资源配置上的不合理性主要体现在以下几个方面。

3.2.1 市场对学术出版资源配置的作用不大

第一,在市场经济条件下,出版企业追求自身利益的独立性和主体性,这是出版资源配置的动力机制。学术图书出版企业缺乏出版资源优化配置的动力。

第二,学术图书的价格很特殊。它只反映了精神产品物化过程中的劳动消耗,不能反映各种学术图书内容的创造性。在现阶段,中国的学术图书定价体系使得价格无法真正反映学术图书之间的差异和供求关系。因此,价格机制作为市场经济条件下出版资源配置的核心机制,对于学术图书出版资源的配置来说是低效的。

第三,从理论上讲,学术图书的供给和实际需求应该相互影响、相互依存。供给的结构和数量会制约需求的结构和数量,反之亦然。然而,也许是因为学术界和出版界有着两种不同的价值评估体系,在生产过程中,作为供给方的学术界和作为需求方的出版界,双方追求的社会效益并不完全一致,导致学术图书的生产无法跟上供求环节的需求节奏,一定程度上影响了学术图书出版资源的优化配置。

3.2.2 学术出版产业集中程度低

为了实现规模化集约经营,降低生产成本,优化出版资源配置,发展中国的学术图书出版产业,必须提高学术图书出版产业集约化程度。

在产业经济学中,我们通常用产业集中率作为最基本的产业集中度的指标,其计算方法如下[①]:

$$CR_n = \sum_{i=1}^{n} X_i / X \qquad (式3-1)$$

式中:n——企业数;

X——市场中所有企业的生产、销售、职工或资产总额;

X_i——居于市场第 i 位企业的生产、销售、职工或资产;

CR_n——最大 n 家企业市场集中率(n 取 4 和 8)。

我们首先从《中国新闻出版统计资料汇编2003》和《中国新闻出版资料汇编2004》中,选择出版种数、总印数、总印张和定价总金额为调查和研究依据,考察中国出版产业的市场集中度,研究结果如表3-3所示。

表3-3 2002—2003年中国出版产业市场集中度

项目 年份	指标	出版种数%	总印数%	总印张%	定价总金额%
2002	CR_4	6.78	6.59	7.53	6.87
	CR_8	11.06	11.86	11.85	10.70
2003	CR_4	7.58	6.54	8.23	8.01
	CR_8	11.87	12.31	13.27	12.26

在产业经济学中,"四企业集中率"(此处指 CR_4)常常被用来作为衡量一个产业的集中化程度的重要指标,即如果最大的 4 个企业的市场份额

---

① 赵立涛.中国出版产业集团化及其国际竞争力研究[D].哈尔滨工程大学管理学博士论文,2006:31.

之和大于60%，则证明此产业属集中型产业。分析表3-3可以发现，中国出版产业的CR_4都在10%以下，并且CR_4和CR_8之间几乎是两倍的关系，这说明中国出版业的市场结构过于分散。在学术图书出版产业领域，具体表现在以下几个方面。

第一，现阶段，进入中国的学术图书出版领域的门槛不高。截至2020年年底，全国共有出版社586家。其中，中央（部委）出版社219家，地方出版社367家。这些出版企业大多数都进入了学术图书出版领域，出版主体集中程度低，变相增加了学术图书的生产成本。

以2022年2月28日，开卷监测的科技类动销图书品种为例，数据见表3-4。可以看出现阶段在中国，学术图书出版集团主体维度的集中程度偏低。具体来说，我们可以发现，包括中国出版集团在内的前37位出版集团主体在所监测的科技类动销品种实洋占有率为53.47%，动销品种占有率为48.10%。这说明近年来，从出版集团主体来看，中国科技类图书出版集团的集约化程度比2003年有所提高，但还远远谈不上产业集中化程度高。

表3-4 2022年2月开卷监测的科技类动销品部分出版集团主体分布（前37位）

出版单位	实洋占有率%	动销品种数	新书品种数	动销品种占有率%	动销品种排名
中国出版集团	6.42	59842	308	5.13	1
凤凰出版传媒集团有限公司	3.77	38542	338	3.31	2
上海世纪出版（集团）有限公司	2.36	36238	294	3.11	3
吉林出版集团	2.20	34867	265	2.99	4
中国工信出版传媒集团有限责任公司	2.79	28805	229	2.47	5

续表

出版单位	实洋占有率%	动销品种数	新书品种数	动销品种占有率%	动销品种排名
中国教育出版传媒集团有限公司	2.57	26228	164	2.25	6
浙江出版传媒股份有限公司	2.22	23112	313	1.98	7
长江出版传媒股份有限公司	1.86	22695	101	1.95	8
中国科学出版集团	1.04	21687	198	1.86	9
中文天地出版传媒集团股份有限公司	2.95	21324	177	1.83	10
中南出版传媒集团股份有限公司	3.02	21130	127	1.81	11
时代出版传媒股份有限公司	1.33	16913	116	1.45	12
新华文轩出版传媒股份有限公司	1.98	16752	136	1.44	13
天津出版传媒集团有限公司	1.39	14848	146	1.27	14
中国国际出版集团	1.47	14384	69	1.23	15
北京出版集团	1.72	13587	110	1.17	16
北方联合出版传媒（集团）股份有限公司	0.92	13195	100	1.13	17
山东出版传媒股份有限公司	1.47	13170	154	1.13	18
南方出版传媒股份有限公司	0.85	12892	156	1.11	19
陕西新华出版传媒集团有限责任公司	1.87	12792	60	1.10	20
黑龙江出版集团有限公司	1.18	12293	67	1.05	21
中原大地传媒股份有限公司	2.77	11514	174	0.99	22
河北出版传媒集团	0.83	11320	120	0.97	23

续表

出版单位	实洋占有率%	动销品种数	新书品种数	动销品种占有率%	动销品种排名
海峡出版发行集团有限责任公司	0.42	8524	58	0.73	24
广西出版传媒集团有限公司	0.58	8179	108	0.70	25
云南出版集团有限责任公司	0.47	7069	55	0.61	26
山西出版传媒集团	0.10	5381	27	0.46	27
中国财经出版传媒集团	0.25	4641	111	0.40	28
重庆出版集团公司	0.39	4515	11	0.39	29
内蒙古出版集团	0.06	4365	54	0.37	30
中国人力资源和劳动保障出版集团	0.11	4124	37	0.35	31
中国地图出版集团	0.35	3700	19	0.32	32
读者出版集团有限公司	0.31	3422	59	0.29	33
黄河出版传媒集团有限公司	0.18	3379	72	0.29	34
贵州出版集团公司	0.44	2384	12	0.20	35
新疆人民出版社	0.02	1797	26	0.15	36
中央党校出版集团	0.81	1274	21	0.11	37
合计	53.47			48.10	

数据来源：根据开卷2022年3月28日统计数据整理。北京开卷信息技术有限公司；截至2022年1月，其开创的"图书零售市场监测系统"采样覆盖可达18000余家实体书店和网上书店，零售渠道覆盖超过80%市场码洋。

如表3-5所示，从出版单位主体来看，中国学术图书出版单位主体部分集中程度还是偏低。在监测的科技类动销品前521位出版单位中，动销品种占有率5%以上的，有5家；动销品种占有率大于2%，小于5%的，仅有7家；动销品种占有率1%以上的，2%以下的，有7家；动销品种占有率大于0.5%，小于1%的，仅有25家，其余出版单位主体动销品种占有率在 0.5% 以下。

表 3-5 2022 年 2 月开卷监测的科技类动销品部分出版单位主体分布表（前 500 位）

出版单位	实洋占有率%	动销品种数	新书品种数	动销品种占有率%	动销品种排名
中国科技出版传媒股份有限公司	3.90	13307	121	7.23	1
机械工业出版社	6.25	13295	87	7.23	2
清华大学出版社有限公司	3.70	9422	80	5.12	3
化学工业出版社	3.95	9413	78	5.12	4
人民卫生出版社	10.28	9406	101	5.11	5
高等教育出版社有限公司	3.27	7035	38	3.82	6
中国建筑工业出版社	10.41	6834	71	3.72	7
人民邮电出版社	5.73	6244	46	3.39	8
电子工业出版社	3.74	6108	45	3.32	9
中国中医药出版社	2.42	5147	29	2.80	10
中国电力出版社有限责任公司	1.06	4375	35	2.38	11
中国医药科技出版社	1.25	3558	24	1.93	12
中国农业出版社	1.23	3370	49	1.83	13
人民交通出版社股份有限公司	0.78	2620	36	1.42	14
中国水利水电出版社	1.34	2386	33	1.30	15
中国铁道出版社	0.27	2137	23	1.16	16
中国劳动社会保障出版社	0.31	1925	21	1.05	17
北京大学出版社有限公司	1.19	1884	8	1.02	18
上海科学技术出版社	0.78	1676	15	0.91	19
国防工业出版社	0.23	1663	23	0.90	20
冶金工业出版社	0.13	1631	8	0.89	21
北京大学医学出版社有限公司	0.73	1605	11	0.87	22
世界图书出版有限公司	0.84	1593	6	0.87	23
华中科技大学出版社	0.34	1540	26	0.84	24
中国农业科学技术出版社	0.13	1392	26	0.76	25

续表

出版单位	实洋占有率%	动销品种数	新书品种数	动销品种占有率%	动销品种排名
北京理工大学出版社有限责任公司	0.50	1344	21	0.73	26
北京航空航天大学出版社有限公司	0.64	1314	9	0.71	27
中国林业出版社	0.14	1281	6	0.70	28
石油工业出版社有限公司	0.09	1248	18	0.68	29
金盾出版社	0.03	1240		0.67	30
中国石化出版社有限公司	0.41	1218	8	0.66	31
人民军医出版社	0.13	1216	1	0.66	32
南京东南大学出版社有限公司	1.17	1204	17	0.65	33
哈尔滨工业大学出版社有限公司	0.14	1164	11	0.63	34
西安电子科技大学出版社有限公司	0.11	1154	7	0.63	35
中国科学技术出版社	0.41	1098	6	0.60	36
中国计划出版社	0.74	1036		0.56	37
辽宁科学技术出版社有限责任公司	0.73	1026	9	0.56	38
上海交通大学出版社有限公司	0.34	1008	17	0.55	39
同济大学出版社有限公司	0.15	988	13	0.54	40
中国协和医科大学出版社	0.66	982	16	0.53	41
成都西南交大出版社有限公司	0.07	954	14	0.52	42
中国纺织出版社	0.16	947	11	0.51	43
中国农业大学出版社有限公司	0.13	906	10	0.49	44
中国轻工业出版社	0.13	888	15	0.48	45
湖南科学技术出版社有限责任公司	1.29	880	6	0.48	46

续表

出版单位	实洋占有率%	动销品种数	新书品种数	动销品种占有率%	动销品种排名
中国建材工业出版社	0.14	861	14	0.47	47
中国环境出版有限责任公司	0.11	858	12	0.47	48
重庆大学出版社有限公司	0.25	848	12	0.46	49
科学技术文献出版社	0.25	824	5	0.45	50
河南科学技术出版社有限公司	1.00	795	6	0.43	51
浙江大学出版社有限责任公司	0.09	788	5	0.43	52
学苑出版社	0.15	697	1	0.38	53
中国科学技术大学出版社有限责任公司	0.19	680	6	0.37	54
江苏凤凰科学技术出版社	1.31	672	8	0.37	55
中国质检出版社	0.10	664	18	0.36	56
广东科技出版社有限公司	0.41	644	7	0.35	57
中医古籍出版社	0.39	639	5	0.35	58
应急管理出版社有限公司	0.90	624	9	0.34	59
武汉大学出版社	0.07	600	4	0.33	60
西安交通大学出版社有限责任公司	0.20	552	5	0.30	61
北京科学技术出版社有限公司	0.65	537	1	0.29	62
复旦大学出版社有限公司	0.19	535	6	0.29	63
中国人民大学出版社有限公司	0.17	522	1	0.28	64
气象出版社	0.04	520	9	0.28	65
东华大学出版社有限公司	0.08	510	1	0.28	66
哈尔滨工程大学出版社有限公司	1.53	504	11	0.27	67
山东科学技术出版社有限公司	0.29	498	4	0.27	68
中航出版传媒有限责任公司	0.12	489	8	0.27	69

续表

出版单位	实洋占有率%	动销品种数	新书品种数	动销品种占有率%	动销品种排名
中国矿业大学出版社有限责任公司	0.05	486	9	0.26	70
西北工业大学出版社有限公司	0.08	478	19	0.26	71
海洋出版社	0.05	476	1	0.26	72
天津大学出版社有限责任公司	0.09	472	7	0.26	73
黄河水利出版社	0.16	469	7	0.25	74
商务印书馆有限公司	0.28	463	1	0.25	75
山西科学技术出版社	0.13	456	2	0.25	76
天津科技翻译出版公司	0.14	417		0.23	77
中南大学出版社有限公司	0.04	397	11	0.22	78
北京邮电大学出版社有限公司	0.05	386	9	0.21	79
中国宇航出版有限责任公司	0.06	360	2	0.20	80
武汉理工大学出版社有限责任公司	0.03	358	14	0.19	81
北京联合出版有限责任公司	0.86	353	5	0.19	82
中信出版集团股份有限公司	1.85	353	2	0.19	83
湖北科学技术出版社有限公司	0.09	348	4	0.19	84
南京大学出版社有限公司	0.06	341	8	0.19	85
北京交通大学出版社有限责任公司	0.03	328	3	0.18	86
天津科学技术出版社有限公司	0.58	321	5	0.17	87
大连理工大学出版社	0.03	320	3	0.17	88
中国青年出版社	0.17	301	2	0.16	89
中国原子能出版传媒有限公司	0.10	290	7	0.16	90
福建科学技术出版社有限责任公司	0.14	287	1	0.16	91

续表

出版单位	实洋占有率%	动销品种数	新书品种数	动销品种占有率%	动销品种排名
郑州大学出版社	0.45	285	6	0.15	92
上海科学技术文献出版社有限公司	0.21	282	1	0.15	93
地质出版社	0.06	282	3	0.15	94
华南理工大学出版社有限公司	0.01	275	8	0.15	95
中国地质大学出版社有限责任公司	0.02	274	5	0.15	96
北京师范大学出版社（集团）有限公司	0.03	269	2	0.15	97
大连海事大学出版社有限责任公司	0.03	266	2	0.14	98
云南科技出版社有限责任公司	0.06	250	4	0.14	99
社会科学文献出版社	0.05	235	4	0.13	100
上海科技教育出版社	0.15	234	2	0.13	101
四川大学出版社有限责任公司	0.04	226	3	0.12	102
成都电子科大出版社有限责任公司	0.49	219	4	0.12	103
测绘出版社	0.01	216	2	0.12	104
知识产权出版社有限责任公司	0.02	212	3	0.12	105
中国社会科学出版社	0.03	212	3	0.12	106
广西师范大学出版社集团有限公司	0.17	212	2	0.12	107
人民出版社	0.13	206	3	0.11	108
华东理工大学出版社有限公司	0.02	194	2	0.11	109
中国石油大学出版社有限公司	0.01	184	4	0.10	110
安徽科学技术出版社	0.52	184	1	0.10	111

续表

出版单位	实洋占有率%	动销品种数	新书品种数	动销品种占有率%	动销品种排名
厦门大学出版社有限责任公司	0.02	180	6	0.10	112
中原农民出版社有限公司	0.02	176	1	0.10	113
中国城市出版社	0.35	173	12	0.09	114
生活、读书、新知三联书店有限公司	0.12	166		0.09	115
文化发展出版社有限公司	0.07	166		0.09	116
中国海洋大学出版社有限公司	0.01	158	4	0.09	117
中国华侨出版社	0.30	156		0.08	118
四川科学技术出版社有限公司	0.06	155	2	0.08	119
中国言实出版社	0.07	149		0.08	120
吉林大学出版社有限责任公司	0.19	149	5	0.08	121
华东师范大学出版社有限公司	0.05	148		0.08	122
苏州大学出版社有限公司	0.02	144	2	0.08	123
龙门书局	0.05	141	3	0.08	124
广州中山大学出版社有限公司	0.01	141	6	0.08	125
江苏大学出版社有限责任公司	0.01	139	3	0.08	126
浙江科学技术出版社有限公司	0.21	139		0.08	127
北京希望电子出版社	0.05	138	3	0.08	128
华夏出版社	0.07	132	2	0.07	129
重庆出版社	0.19	129	1	0.07	130
西南师范大学出版社有限责任公司	0.01	127	2	0.07	131
军事医学出版社	0.02	124		0.07	132
合肥工业大学出版社有限责任公司		119	1	0.06	133
贵州科技出版社	0.01	117		0.06	134

续表

出版单位	实洋占有率%	动销品种数	新书品种数	动销品种占有率%	动销品种排名
河北科学技术出版社有限责任公司	0.03	116		0.06	135
陕西科学技术出版社有限责任公司	0.04	114	2	0.06	136
吉林科学技术出版社有限责任公司	0.11	114	7	0.06	137
上海浦江教育出版社有限公司	0.01	113		0.06	138
广西科学技术出版社有限公司	0.01	112	3	0.06	139
中国政法大学出版社有限责任公司	0.19	111	1	0.06	140
光明日报出版社	0.20	109		0.06	141
南京河海大学出版社有限公司	0.03	109	6	0.06	142
外语教学与研究出版社有限责任公司	0.03	108		0.06	143
浙江教育出版社有限公司	0.10	103	1	0.06	144
经济科学出版社	0.01	103	4	0.06	145
广州暨南大学出版社有限责任公司	0.01	103	2	0.06	146
国家开放大学出版社有限公司	0.22	101	1	0.05	147
经济管理出版社	0.01	99		0.05	148
浙江人民出版社有限公司	0.11	96		0.05	149
广东人民出版社有限公司	0.32	95	1	0.05	150
译林出版社	0.17	93		0.05	151
江苏人民出版社	0.06	93		0.05	152
地震出版社	0.01	92	7	0.05	153
人民教育出版社有限公司	0.01	90		0.05	154

续表

出版单位	实洋占有率%	动销品种数	新书品种数	动销品种占有率%	动销品种排名
北京出版社	0.06	90	4	0.05	155
团结出版社	0.06	88		0.05	156
中华书局有限公司	0.14	86		0.05	157
湖南大学出版社有限责任公司		86	1	0.05	158
中国盲文出版社		86	6	0.05	159
中国人口出版社	0.80	85		0.05	160
辽宁大学出版社有限责任公司	0.08	84		0.05	161
北京时代华文书局有限公司	1.43	84		0.05	162
中国大百科全书出版社有限公司	0.18	82		0.04	163
上海人民出版社	0.05	80	1	0.04	164
上海科学普及出版社有限责任公司	0.01	79	2	0.04	165
汕头大学出版社有限公司	0.19	79	1	0.04	166
中国商业出版社	0.23	76		0.04	167
上海教育出版社	0.04	76		0.04	168
第二军医大学出版社		75		0.04	169
中国民航出版社	0.01	75	1	0.04	170
中国财政经济出版社	0.09	74		0.04	171
浙江工商大学出版社		72	2	0.04	172
山东大学出版社有限公司	0.01	70	5	0.04	173
第四军医大学出版社	0.07	70		0.04	174
安徽大学出版社有限责任公司		69		0.04	175
新星出版社有限责任公司	0.21	66		0.04	176
海南出版社有限公司	0.03	65		0.04	177
北京日报出版社有限公司	0.02	64	1	0.03	178
南开大学出版社有限公司	0.02	64		0.03	179

续表

出版单位	实洋占有率%	动销品种数	新书品种数	动销品种占有率%	动销品种排名
中国友谊出版公司	0.05	64	1	0.03	180
内蒙古科学技术出版社	0.01	63	2	0.03	181
北京首都师范大学出版社有限责任公司	0.08	61		0.03	182
江西科学技术出版社有限责任公司	0.04	61	3	0.03	183
华龄出版社	0.08	59	1	0.03	184
中国人事出版社	0.08	59		0.03	185
人民日报出版社	0.06	59		0.03	186
北京美术摄影出版社	0.04	58		0.03	187
中国工人出版社	0.04	58	1	0.03	188
中国人民公安大学出版社	0.01	58	1	0.03	189
中国经济出版社	0.01	57	1	0.03	190
上海人民美术出版社有限公司	0.01	56	1	0.03	191
东北大学出版社有限公司	0.01	56	4	0.03	192
中国统计出版社	0.27	56		0.03	193
湖南教育出版社	0.01	55	1	0.03	194
北京工业大学出版社有限责任公司	0.04	54	2	0.03	195
南海出版公司	0.04	53		0.03	196
中国画报出版社有限责任公司	0.04	52		0.03	197
现代出版社有限公司	0.02	51		0.03	198
世界知识出版社	0.03	49	1	0.03	199
吉林出版集团股份有限公司	0.05	49		0.03	200
上海财经大学出版社有限公司	0.01	49	1	0.03	201
上海外语教育出版社有限公司	0.01	48	1	0.03	202

续表

出版单位	实洋占有率%	动销品种数	新书品种数	动销品种占有率%	动销品种排名
河南大学出版社有限责任公司	0.02	47	3	0.03	203
上海古籍出版社	0.02	46		0.03	204
中国传媒大学出版社有限责任公司	0.01	45		0.02	205
长江出版社		44	1	0.02	206
国防科技大学出版社		44		0.02	207
甘肃科学技术出版社有限责任公司		43		0.02	208
立信会计出版社有限公司	0.01	43	2	0.02	209
中央编译出版社	0.01	43		0.02	210
云南人民出版社有限责任公司	0.01	43		0.02	211
新华出版社	0.02	43	2	0.02	212
黑龙江科学技术出版社有限公司	0.02	43		0.02	213
中国市场出版社	0.02	42		0.02	214
长春东北师范大学出版社有限责任公司	0.06	42	4	0.02	215
上海大学出版社有限公司	0.01	42	2	0.02	216
山东人民出版社有限公司		42		0.02	217
江苏凤凰文艺出版社	0.05	41		0.02	218
天津人民出版社有限公司	0.10	41		0.02	219
上海译文出版社	0.02	41		0.02	220
中国社会出版社		41		0.02	221
新世界出版社有限责任公司	0.03	40		0.02	222
江苏凤凰美术出版社	0.03	40		0.02	223
延边大学出版社有限责任公司		40		0.02	224
民主与建设出版社有限责任公司	0.23	40		0.02	225

续表

出版单位	实洋占有率%	动销品种数	新书品种数	动销品种占有率%	动销品种排名
江苏凤凰教育出版社	0.01	39	1	0.02	226
四川人民出版社有限公司	0.02	39		0.02	227
上海三联书店有限公司	0.02	39		0.02	228
华中师范大学出版社有限责任公司		38	1	0.02	229
五洲传播出版社		37	2	0.02	230
青岛出版社有限公司	0.02	37		0.02	231
金城出版社	0.01	35		0.02	232
国家行政管理出版社	0.01	35		0.02	233
中国广播影视出版社		34		0.02	234
北京首都经济贸易大学出版社有限责任公司		34	1	0.02	235
南京师范大学出版社有限公司		33	1	0.02	236
中国财富出版社		33		0.02	237
陕西师范大学出版总社有限公司	0.01	33		0.02	238
西北大学出版社有限责任公司	0.05	33	1	0.02	239
企业管理出版社	0.08	32		0.02	240
大象出版社有限公司	0.04	32		0.02	241
山东教育出版社有限公司		32	2	0.02	242
兰州大学出版社有限责任公司		32	1	0.02	243
时事出版社		32		0.02	244
黑龙江大学出版社有限责任公司		32	5	0.02	245
江西美术出版社有限责任公司	0.01	31	1	0.02	246
山东画报出版社有限公司	0.01	30		0.02	247
中国国际广播出版社	0.01	30		0.02	248
故宫出版社	0.01	30		0.02	249

续表

出版单位	实洋占有率%	动销品种数	新书品种数	动销品种占有率%	动销品种排名
红旗出版社有限责任公司	0.04	30		0.02	250
上海文汇出版社有限公司	0.25	30	2	0.02	251
北京教育出版社	0.08	29	1	0.02	252
研究出版社	0.01	29		0.02	253
兵器工业出版社有限责任公司	0.02	29		0.02	254
浙江人民美术出版社有限公司		29		0.02	255
山西教育出版社		29		0.02	256
中国时代经济出版社		27		0.01	257
云南大学出版社有限责任公司		27		0.01	258
人民文学出版社有限公司	0.01	27		0.01	259
黄山书社		27		0.01	260
济南出版有限责任公司	0.01	26		0.01	261
格致出版社		26		0.01	262
台海出版社有限公司	0.01	26		0.01	263
九州出版社	0.06	26		0.01	264
江西人民出版社有限责任公司	0.06	25	2	0.01	265
湖南美术出版社有限责任公司	0.09	25		0.01	266
广东经济出版社有限公司		25	1	0.01	267
上海文化出版社	0.01	25		0.01	268
内蒙古人民出版社		25		0.01	269
成都西南财大出版社有限责任公司		25		0.01	270
山西人民出版社		25		0.01	271
吉林文史出版社有限公司		24		0.01	272
辽宁美术出版社有限责任公司		24	1	0.01	273
中国三峡出版社		24		0.01	274

续表

出版单位	实洋占有率%	动销品种数	新书品种数	动销品种占有率%	动销品种排名
武汉出版社		24	1	0.01	275
线装书局	0.09	24		0.01	276
上海社会科学院出版社有限公司	0.01	23		0.01	277
广陵书社有限公司	0.01	23		0.01	278
百花文艺出版社（天津）有限公司	0.01	23		0.01	279
宁波出版社		23		0.01	280
西北农林科技大学出版社有限责任公司		23		0.01	281
广东高等教育出版社有限公司		23		0.01	282
湖南文艺出版社有限责任公司	0.08	22		0.01	283
深圳市海天出版社有限责任公司	0.01	22		0.01	284
中国发展出版社		22		0.01	285
上海辞书出版社		22		0.01	286
沈阳出版社		21		0.01	287
中国文联出版社	0.01	21	1	0.01	288
中译出版社有限公司	0.01	21	1	0.01	289
吉林人民出版社有限责任公司		21		0.01	290
宁夏阳光出版社有限公司		20		0.01	291
中国美术学院出版社有限公司		20		0.01	292
华文出版社有限公司		20		0.01	293
中国法制出版社		19	1	0.01	294
文物出版社		19		0.01	295
中国书籍出版社		19		0.01	296
哈尔滨东北林业大学出版社有限公司	0.01	19	2	0.01	297

续表

出版单位	实洋占有率%	动销品种数	新书品种数	动销品种占有率%	动销品种排名
外文出版社有限责任公司		19		0.01	298
中国书店	0.01	19		0.01	299
民族出版社		19		0.01	300
辽海出版社	0.10	19		0.01	301
旅游教育出版社		18		0.01	302
东北财经大学出版社有限责任公司		18		0.01	303
新疆人民卫生出版社	0.02	18		0.01	304
现代教育出版社有限公司	0.01	18		0.01	305
漓江出版社有限公司	0.01	18		0.01	306
广东南方日报出版社有限公司		17	1	0.01	307
上海远东出版社		17		0.01	308
中国文史出版社		17		0.01	309
湖南师范大学出版社有限公司		17	2	0.01	310
中国大地出版社		16	1	0.01	311
南京出版社有限公司		16		0.01	312
教育科学出版社		16		0.01	313
北京体育大学出版社		16		0.01	314
海峡书局出版社有限公司	0.03	16		0.01	315
成都时代出版社有限公司	0.02	16		0.01	316
安徽人民出版社	0.02	15		0.01	317
福建教育出版社有限责任公司	0.02	15		0.01	318
内蒙古大学出版社有限责任公司		15		0.01	319
安徽师范大学出版社有限责任公司		15		0.01	320
远方出版社	0.01	15		0.01	321

续表

出版单位	实洋占有率%	动销品种数	新书品种数	动销品种占有率%	动销品种排名
东方出版中心有限公司		15		0.01	322
江西教育出版社有限责任公司		15		0.01	323
人民美术出版社有限公司		15		0.01	324
北京对外经济贸易大学出版社有限责任公司		15		0.01	325
辽宁人民出版社		15	1	0.01	326
陕西人民出版社有限责任公司		14		0.01	327
崇文书局有限公司		14		0.01	328
安徽教育出版社		14		0.01	329
人民体育出版社	0.01	14		0.01	330
浙江摄影出版社有限公司	0.01	14		0.01	331
哈尔滨出版社股份有限公司		14	1	0.01	332
长江文艺出版社有限公司	0.02	14		0.01	333
黑龙江北方文艺出版社有限公司	0.02	14		0.01	334
北京燕山出版社	0.02	14		0.01	335
天津古籍出版社有限公司	0.01	14		0.01	336
文化艺术出版社	0.03	13		0.01	337
中州古籍出版社有限公司		13		0.01	338
中国海关出版社		13		0.01	339
四川美术出版社有限公司	0.01	13		0.01	340
国家图书馆出版社	0.01	13		0.01	341
中国摄影出版社	0.01	13		0.01	342
经济日报出版社		13	1	0.01	343
当代中国出版社		13		0.01	344
广东教育出版社有限公司		12		0.01	345
中国旅游出版社		12		0.01	346

续表

出版单位	实洋占有率%	动销品种数	新书品种数	动销品种占有率%	动销品种排名
上海文艺出版社	0.01	12		0.01	347
湖北美术出版社有限公司		12		0.01	348
辽宁教育出版社		12		0.01	349
法律出版社		11		0.01	350
广西美术出版社有限公司		11		0.01	351
二十一世纪出版社集团有限公司		11		0.01	352
上海书店出版社		11		0.01	353
贵州人民出版社	0.01	11		0.01	354
北方妇女儿童出版社有限责任公司		11		0.01	355
苏州古吴轩出版社有限公司	0.02	11		0.01	356
杭州出版社有限公司		11		0.01	357
语文出版社有限公司		11		0.01	358
中央民族大学出版社有限责任公司		11	1	0.01	359
北京人民出版社		11	1	0.01	360
广西民族出版社		11	1	0.01	361
天津教育出版社有限公司		10		0.01	362
中国民主法制出版社有限公司		10		0.01	363
解放军出版社		10		0.01	364
接力出版社有限公司	0.06	10		0.01	365
凤凰出版社	0.01	10		0.01	366
陕西三秦出版社有限责任公司	0.01	10		0.01	367
三晋出版社		10		0.01	368
云南美术出版社有限责任公司		10		0.01	369
青海人民出版社有限责任公司		10	1	0.01	370

续表

出版单位	实洋占有率%	动销品种数	新书品种数	动销品种占有率%	动销品种排名
群言出版社		10		0.01	371
黑龙江美术出版社有限公司	0.04	10		0.01	372
中华工商联合出版社有限责任公司		9			373
开明出版社		9			374
云南教育出版社有限责任公司		9			375
安徽美术出版社	0.01	9	2		376
四川天地出版社有限公司	0.01	9			377
吉林美术出版社有限责任公司	0.02	9			378
河南人民出版社有限责任公司		9			379
学林出版社		9			380
万卷出版有限责任公司		9			381
中西书局有限公司		9			382
宁夏人民出版社有限公司		9			383
燕山大学出版社有限公司		8	1		384
贵州教育出版社有限公司		8			385
福建鹭江出版社有限公司		8			386
人民武警出版社		8			387
中共中央党校出版社		8			388
北京工艺美术出版社有限责任公司	0.01	8			389
四川文艺出版社有限公司	0.03	8			390
广东旅游出版社	0.03	8			391
作家出版社有限公司		8			392
深圳报业集团出版社		8	1		393
大连出版社		7			394

续表

出版单位	实洋占有率%	动销品种数	新书品种数	动销品种占有率%	动销品种排名
湖南人民出版社有限责任公司		7			395
湖南岳麓书社有限责任公司		7			396
中国妇女出版社		7			397
广东花城出版社有限公司		7			398
百花洲文艺出版社有限责任公司	0.06	7			399
海豚出版社有限责任公司		7			400
中国金融出版社		7			401
中国商务出版社		7	1		402
陕西人民教育出版社有限责任公司		7			403
西藏人民出版社		7			404
吉林摄影出版社有限责任公司		7			405
黑龙江教育出版社有限公司		7			406
山西经济出版社		7	1		407
军事科学出版社		7			408
新疆科学技术出版社		7			409
河北教育出版社有限责任公司		7			410
当代世界出版社		6	1		411
敦煌文艺出版社有限责任公司		6			412
湖北人民出版社有限公司		6			413
广西人民出版社有限公司		6			414
朝华出版社有限责任公司		6			415
山东文艺出版社有限公司	0.03	6			416
四川巴蜀书社有限公司		6			417
天津人民美术出版社有限公司		6			418
广东省地图出版社有限公司		5			419

续表

出版单位	实洋占有率%	动销品种数	新书品种数	动销品种占有率%	动销品种排名
军事谊文出版社		5			420
中国地图出版社	0.01	5			421
内蒙古文化出版社		5			422
江西高校出版社有限责任公司	0.01	5			423
宗教文化出版社		5	1		424
西苑出版社		5			425
山东齐鲁书社出版有限公司		5			426
广东新世纪出版社有限公司		5			427
中国民族文化出版社		5			428
四川教育出版社有限公司		5			429
广东羊城晚报出版社有限公司		5			430
河北大学出版社有限责任公司		5	1		431
湖北教育出版社有限公司		5			432
河北人民出版社有限责任公司		4			433
长春出版社		4			434
陕西人民美术出版社有限责任公司		4			435
宁夏人民教育出版社有限公司		4			436
群众出版社		4			437
人民音乐出版社有限公司		4	1		438
吉林教育出版社有限公司		4			439
广东岭南美术出版社有限责任公司		4			440
甘肃文化出版社有限责任公司		4			441
辽宁师范大学出版社有限责任公司		4			442

续表

出版单位	实洋占有率%	动销品种数	新书品种数	动销品种占有率%	动销品种排名
中国藏学出版社		4			443
中国致公出版社	0.01	4			444
贵州大学出版社有限责任公司	0.01	4			445
浙江文艺出版社有限公司		4			446
浙江古籍出版社有限公司		4			447
河北美术出版社有限责任公司		4	1		448
安徽文艺出版社		4			449
时代文艺出版社有限责任公司	0.03	4			450
国际文化出版公司	0.02	3			451
花山文艺出版社有限公司		3			452
读者出版社有限责任公司		3			453
福建海峡文艺出版社有限责任公司		3			454
北京语言大学出版社有限公司		3			455
新疆文化出版社		3			456
中国工商出版社		3			457
海潮出版社		3			458
学习出版社		3			459
陕西未来出版社有限责任公司		3			460
山东美术出版社有限公司		3			461
希望出版社		3			462
中国戏剧出版社		3			463
天津社会科学院出版社有限公司		3			464
黑龙江人民出版社有限公司		3			465
广州出版社有限公司		2			466
甘肃教育出版社有限责任公司		2			467

续表

出版单位	实洋占有率%	动销品种数	新书品种数	动销品种占有率%	动销品种排名
春风文艺出版社有限责任公司		2			468
福建人民出版社有限责任公司		2			469
上海音乐学院出版社有限公司		2			470
甘肃民族出版社有限责任公司		2			471
泰山出版社有限公司		2			472
哈尔滨地图出版社		2			473
西安出版社有限责任公司		2			474
蓝天出版社		2			475
中华地图学社		2			476
白山出版社		2			477
广西教育出版社有限公司		2			478
青海民族出版社		2			479
上海书画出版社有限公司		2	1		480
方志出版社		2			481
陕西旅游出版社有限责任公司		2			482
河南文艺出版社有限公司	0.01	1			483
长江少年儿童出版社有限公司		1			484
华语教学出版社有限责任公司		1			485
书法出版社		1			486
文津出版社		1			487
北京十月文艺出版社		1			488
河南美术出版社有限公司		1			489
商务印书馆国际有限公司		1			490
中国检察出版社		1			491
藏文古籍出版社		1			492
天津杨柳青画社有限公司		1			493
山东省地图出版社有限公司		1			494

续表

出版单位	实洋占有率%	动销品种数	新书品种数	动销品种占有率%	动销品种排名
河北少年儿童出版社有限责任公司		1			495
北岳文艺出版社有限责任公司		1			496
云南民族出版社		1			497
大有书局（北京）有限公司		1			498
南方出版社		1			499
新蕾出版社（天津）有限公司		1			500

信息来源：根据开卷2022年3月28日统计数据整理。北京开卷信息技术有限公司：截至2022年1月，其开创的"图书零售市场监测系统"采样覆盖可达18000余家实体书店和网上书店，零售渠道覆盖超过80%市场码洋。

第二，进入学术图书出版领域的大多数出版单位学术分工相同，产品差异小，替代性强，品种结构趋于一致，不利于市场集约化管理。

第三，区域分割的管理模式导致了中国学术图书市场的分割，而地方利益加强了这种分割管理趋势。因此，在现阶段，跨地域的学术图书销售渠道建设难，这些都不利于形成统一、有序、公平、竞争的全国性学术图书出版市场。

3.2.3 出版资源未得到充分利用

第一，从理论上讲，学术图书生命周期较长，却大多难以产生如大众出版领域的畅销书般的轰动效应，因此，需要延长其销售期来尽量扩大销售量。然而，目前大多数出版企业对学术图书的重版、再版意识淡薄，不重视对学术图书内容的及时更新和修订，致使仍有市场需求的学术图书过早退出图书市场，学术图书出版资源再生能力差。

第二，在地方保护作用下，造成了学术图书低水平重复出版的市场。

选题资源利用深度未得到提高，学术图书市场上不乏内容无创新、形式陈旧的学术图书产品。

第三，与国际先进的学术出版整体水平相比，中国的学术图书出版在配套图书的系列化、品种的多样化、学术图书衍生产品链的开发等方面存在较大的差距。

第四，企业的学术图书品牌意识薄弱。部分企业只求学术图书出版数量，忽视学术图书出版质量，或只追求出版的短期私利，忽视长期社会效益的短视行为，制约着中国学术图书出版的长期、快速发展。在图书市场上，没有品牌的学术图书不太可能受到读者的青睐，低水平的重复出版造成了学术图书出版和发行资源的浪费。

第五，各类学术图书出版资源的跨媒体利用率低。现阶段，中国学术出版资源在报刊、图书、影视、图片等媒体之间的转化率低。目前，绝大多数学术图书只出版了纸介质版，未出版光盘版、网络版，更谈不上影视版，以及图书和期刊互动了。

3.3 学术图书市场营销不够

学术图书出版产品具有自身的特点。例如，读者群固定（相关学科的科研院所、大专院校等的研究人员）、时效性不强（甚至个别书"时间越长，酒越香"）等。以上特性决定了学术图书的营销不能等同于一般图书，目前，学术图书市场营销不够导致了部分学术图书产品不能有效供给，这主要体现在以下几个方面。

3.3.1 营销力度不够

学术图书具有量小面窄的特点，受经济利益的驱使，大多数学术图书出版企业不重视这块的图书产品的市场营销，造成大多数学术图书没有市场营销。读者根本无从得知部分学术图书的存在，造成了无效供给，这主要体现在以下两个方面。

一方面，整体图书市场营销不充分，读者很难及时有效地获取目前图书市场的有效信息。从表3-1的调查结果中，我们可以发现，读者认为目前中国图书市场5.5%的缺憾表现在向读者传递的图书信息太少，1.3%的缺憾表现为书评太差，这些都具体反映了中国图书市场的营销力度不够。

另一方面，由于学术图书量小面窄，学术图书生产企业从短期经济效益考虑，认为不值得在学术图书市场营销上下大功夫，这种陈旧的营销观念导致大多数学术图书没有市场营销。与之对应的，学术图书读者根本很难甚至无法获取目标图书市场上相关学术图书的最新出版发行信息，等等。学术图书读者需要学术图书却索求无门，相关经销渠道对学术图书也缺乏全面、深入的了解，学术图书产品上架困难。

因此，要发展中国的学术图书产业，非常需要学术图书出版企业尽快更新观念，建立系统、快捷、全面、清晰的现代图书营销体系。

3.3.2 营销专业化程度低

在国外，优秀的学术图书出版企业重视积累大量的数据库信息，包括读者数据库、作者（专家）数据库、书评数据库等。作为营销工具，这些数据库可以帮助出版人快速获得相关学科发展前沿信息，以及学术图书出版和营销资源，并且能够被重复使用，甚至可以针对每一本书的市场份额，出版人及时获知动态的量化信息。在这一点上，值得中国的学术图书出版企业和出版人借鉴和深入学习。例如，汤姆森公司就拥有一份读者身份详细的数据，包括采用该出版企业出版的学术教材大学的名称和教师姓名，能够准确地统计出每一本书在美国同类市场所占有的市场份额。① 这一点笔者在培生工作的一段时间里，也感触颇深。

显然，中国的学术图书营销不可能在短时间内达到这一水平。如何提高中国学术图书营销的专业化水平是一个值得我们广大出版企业和出版人深入思考的问题。

3.3.3 学术图书分销渠道管理混乱

图书分销渠道结构复杂。在中国，部分出版企业对图书营销渠道与管理的认识不足，使得图书营销分销渠道选择具有盲目性，管理效率低下，成本非常高。具体到中国学术图书分销渠道上，我们可以发现，大多数学术图书出版企业在对学术图书的分销渠道选择上管理混乱。很多出版企业选择分销渠道，不是考虑学术图书目标受众的地域特征和覆盖范围，有重点地选择性主发，而是尽可能多地选择批发商，目的在于让图书可以更快地被市场接受。然而，出版企业并没有考虑到这样的营销模式会使批发商之间的竞争更为激烈，销售商在竞争过程中相互压价，形成恶性竞争，在经济利益的驱动下，可能会引发各种矛盾与冲突。如果出版企业不能处理好分销渠道关系的话，会使整个学术图书出版行业市场出现混乱局面，不仅造成学术图书出版资源的浪费，而且会降低整个学术图书出版行业的利润。②

3.3.4 品牌营销意识薄弱

目前，在中国学术图书市场上，聚焦各学术图书生产企业产品，我们能够发现大多数出版企业策划等稿，主动策划意识淡漠，造成学术图书产品品种分散，很难有系列学术图书产品线，出书门类广而不精，多为一次

---

① 刘力. 从 BIBF 看中外专业出版之差异 [N]. 中国图书商报，2000-09-15 (3).
② 朱玉珍. 学术性图书营销的分销渠道策略探讨 [J]. 全国商情，2014 (3).

性生产（只印一版一次），这种客观状况使得单个品牌的市场占有率小，产品过于庞杂，形不成气候。不少出版企业对学术图书的品牌营销建设重视程度不够。

另外，由于学术图书本身学术性较强，属于小众产品，出版企业对这部分学术产品的自身价值和特色认识不足，品牌营销运作能力较差。同时，面临着生存的压力，大多数出版企业在学术图书的品牌营销建设上投入不大。

3.4 学术图书出版核心能力弱

一个出版企业，它的学术图书出版核心能力是其他出版企业根本不可能轻易复制、模仿的竞争能力。因此，构建自身的出版核心能力是学术图书出版企业发展的长远大计。而学术图书出版的核心能力在于优秀的学术选题策划能力、组织生产能力，以及市场营销传播能力。与国外同行相比，中国的学术图书出版核心能力弱，具体表现在以下几个方面。

3.4.1 出版界与学术界联系不紧密

纵观国内学术图书出版产业现状，大多数学术图书出版企业仍处于被动地接收学术图书自投稿状态，或者受整个学术图书出版市场的浮躁风气的影响，很多学术图书编辑为求策划选题数量，而没有考虑学术图书的选题质量，甚至对书稿涉及的学科领域和该专题的研究进展知之甚少，甚至一无所知；或者是在有了选题意图之后，编辑才开始与作者联系，双方才有了学术和思想上的交流。总而言之，中国出版界与学术界的联系不够紧密，目前的联系是间断的、零散的、非程序化和持久的。

3.4.2 缺乏高水平的学术图书编辑

学术图书出版，因为其读者群体的高素质化，更需要出版业出版高水平的学术图书引领科技和文化创新，因此，学术图书出版企业迫切需要高层次、厚基础、创新型、复合型的人才。

前一段时间，中国出版物品种上升，销量下降，精品很少，跟风选题泛滥成灾，组稿者不能深入开发选题，编者对图书市场的认识肤浅。图书市场中畅销书经不起时间的考验。在国际图书市场上，版权贸易逆差惊人，输出与输入之比常年在1∶10左右徘徊，与西方发达国家的版权贸易比例甚至在1∶100以上。在多方面原因中，总有这样一条原因就是人才不足。[①]

同样，学术图书编辑的学术化程度直接关系到学术图书出版企业建立和维系的专家作者队伍的水平和规模，关系到出版企业选题策划的眼光和能力，更关系到出版企业所出版的学术图书的水平和品质。

总之，培育大量优秀的、具有特定行业学术素养的学者型学术图书编辑是出版企业构筑某一领域学术出版核心能力的关键所在。然而，由于各种原因，目前，大多数出版企业缺乏高水平的学术图书编辑，或者高水平的学术图书编辑青黄不接。纵使有一定学术背景的学术图书编辑，也大多因为毕业后缺乏必要的学术学习和实践，对行业的新发展和某些核心技术不胜了解，学术素养少有提高。

3.5 其他影响学术图书出版发展的因素

3.5.1 发展动力问题

由于一些出版企业思想观念陈旧、体制机制落后，对学术图书出版业的快速发展形成了体制性制约，主要体现在以下两个方面。

一方面是有的出版企业在行政垄断保护下，没有改革压力和实质性的

---

① 肖东发. 出版人才的需求和出版教育改革 [J]. 科技与出版，2007 (4).

生存威胁,基本上能够获得足够的生存利润;

另一方面,由于很多学术图书出版企业都有一个行政上的"婆婆",出版企业改革与发展动力不足,无法形成自主经营、自负盈亏的市场竞争主体,企业化管理无法落地,有的改革流于形式,缺乏实质性内容。

3.5.2 产业结构性障碍

出版产业结构调整不可避免地会遇到结构性障碍,因为这是重新分配出版业利益格局的过程,是出版资源必须经历的一个优化配置阶段。

从宏观层面上看,学术图书出版产业与其他图书产业一样,在管理方式上,还是沿用国家直接管理企业的计划经济结构,这与市场经济的需求有矛盾。

从中观层面上看,主要表现在学术图书出版领域结构上,选题计划配置与出版资源的市场配置之间的矛盾。另外,学术图书出版产业内部的产品、市场、人才、地域等配置问题依然存在。

从微观层面上看,是大多数学术图书出版企业内部事业性组织结构与社会主义市场经济体制之间的矛盾。

3.5.3 市场环境问题

著名的营销专家卢泰宏教授在2001年提出,在转型的中国市场中,消费者、企业和国家都有不成熟的市场表现。在学术图书出版市场上主要表现为:消费者对学术图书价格的敏感性特别高;学术图书传播企业(出版社、书店等)的官场情节、无序竞争和短期行为;国家对企业的控制,地方保护性严重,等等。这些现象使得整个中国学术图书市场复杂和不规范,远未形成一个统一、开放、竞争、有序的学术图书出版大市场。中国学术图书出版产业的健康、快速发展因交易成本的不断提高而受到制约。这些市场环境问题在目前依然是中国学术图书出版发展面临的现实问题。

3.5.4 管理水平落后

程三国先生在2002年出版的《中国图书出版业现状观察与未来展望》中,依据"木桶原理"分析21世纪中国出版业的短边制约时,提出了中国图书出版业发展的营销、战略、人力资源和组织4个方面的问题。①

时至今日,从上面4个方面,我们依然能够发现,与其他行业相比,目前的中国图书出版产业市场化程度偏低,加上中国的学术图书出版产业以其量小面窄的特点,与其他图书出版产业相比,其市场化程度更低,所以,与国外市场化程度较高的学术出版产业相比,中国的学术图书出版产业其市场营销水平差距明显。具体表现在,目前,困扰中国学术图书出版产业发展的选题低水平重复、库存积压、回款率低等诸多难题,基本都属于市场营销范畴。中国学术图书出版产业,正在从以粗放经营的初级竞争阶段向以市场导向的中级竞争阶段转型。在这个转型期,只有营销型企业才能更好地生存和进一步发展。很遗憾的是,目前,中国绝大多数学术图书出版企业在销售学术图书方面的观念和运作理念仍然停留在初级阶段,只能被界定为单纯的销售型企业。

不容置疑的是,关乎一个行业或企业生存发展的首要问题是战略问题。目前,中国许多学术图书出版企业战略意识淡薄,诸如如何运作学术图书出版实业、出版社如何确定其发展方向、有什么自身优势资源、怎么培育企业发展的核心竞争力、如何深入某几个学术领域把企业做强、做大等战略问题,大多数学术图书出版经营实体出版单位并不清楚,或者从来没有重视过,更谈不上思考。随着图书市场化程度的提高,学术图书国际市场竞争的加剧,中国的学术图书出版必然步入严峻的战略选择困境。

---

① 程三国. 中国图书出版业现状观察与未来展望. 中国书业思考 [M]. 沈阳:辽宁人民出版社,2002.

第4章　中国学术图书出版发展环境分析

发展主体总是处于一定的环境之中，适应环境是一个主体生存的必要条件。只有发展主体及时发现机会，才能更好地迎接挑战。"适者生存"是自然界的生存法则，也同样适用于人类社会的经济活动主体。

因此，认识环境，正确预期环境因素的变动趋势，是制定学术图书出版产业趋利避害策略，发展学术图书出版的基础和保证。

4.1 出版行业环境

4.1.1 整体状况

1. 宏观环境分析

表4-1是国民经济和社会发展总量与速度指标节选信息（资料来源：中国统计年鉴2021）。如表4-1所示，关注与中国图书出版，特别是学术图书出版相关的国民经济和社会发展总量与速度指标，不难发现，近年来，中国人口数逐年增长，宏观经济发展态势良好，人口素质逐年提高，科研经费支出逐年增加，图书出版总印数总体趋于增长，人均国民总收入

增幅明显。

总体来说，中国图书出版业处于良好的宏观发展环境中，发展态势良好，在国民经济整体增长影响下，阻碍中国学术图书出版产业增长的体制性因素逐步减弱，市场因素得到加强。

表 4-1　国民经济和社会发展总量与速度指标节选信息①

指　　标	总量指标			
	1978 年	2000 年	2019 年	2020 年
人口（万人）				
总人口（年末）	96259	126743	141008	141212
城镇人口	17245	45906	88426	90220
乡村人口	79014	80837	52582	50992
国民经济核算				
国民总收入（亿元）	3678.7	99066.1	983751.2	1008782.5
国内生产总值（亿元）	3678.7	100280.1	986515.2	1015986.2
第一产业	1018.5	14717.4	70473.6	77754.1
第二产业	1755.1	45663.7	380670.6	384255.3
第三产业	905.1	39899.1	535371.0	553976.8
人均国民总收入（元）	384.7	7845.9	70131.2	71489.1
人均国内生产总值（元）	384.7	7942.1	70328.2	71999.6
科学技术				
研究与试验发展经费支出（亿元）		896.0	22143.6	24393.1
发明专利申请授权数（件）		12683.0	452804.0	530127.0
技术市场成交额（亿元）		651.0	22398.4	28251.5
文化体育				

① 《中国统计年鉴2021》编委会. 中国统计年鉴2021 [M]. 北京：中国统计出版社，2021.

续表

指　　标	总量指标			
	1978 年	2000 年	2019 年	2020 年
图书出版总印数（亿册、亿张）	37.7	62.7	106.0	103.7
电视节目制作时间（万小时）		58.5	345.6	328.2
故事影片产量（部）	46.0	91.0	850.0	531.0

资料来源：本表是在《中国统计年鉴 2021》表 1-2 国民经济和社会发展总量与速度指标基础上整理而成。

2. 出版行业微观环境分析

近年来，中国组建了一批综合性出版集团。观研报告网（ChinaBaoGao.com）在 2021 年 8 月 30 日发表的文章《中国图书出版市场规模稍有下滑，出版社数量保持不变，零售量持续上升》（节选自《2021 年中国图书出版行业分析报告——市场规模现状与未来规划分析》）中指出，中国出版社数量自 2014 年来整体保持稳定，在 2017 年增加 1 家出版社，共 585 家，同比增长 0.17%；到 2020 年，中国出版社数量仍然保持在 586 家。其中，219 家为中央（部委）出版社，367 家为地方出版社。

与出版社数量相比，中国出版社新版图书出版印数在 2018 年达到 25.17 亿册，同比增长 10.69%；定价金额达到 827.17 亿元，同比增长 19.81%。2019 年中国出版新版图书总印数有所下降，为 24.97 亿册，同比下降 0.79%；定价金额却为 841.2 亿元，同比上涨 1.7%。

在零售方面，2014 年以来，中国图书出版物零售量及金额持续上升，到 2018 年零售量达到 74.48 亿册，同比增长 6.08%；零售金额增长至 926.38 亿元，同比增长 8.88%。2019 年，中国图书出版物零售数量为 81.42 亿册，同比增长 9.32%；零售金额为 1007.97 亿元，同比增长 8.81%。2014—2019 年中国图书出版物零售量及金额见图 4-1。

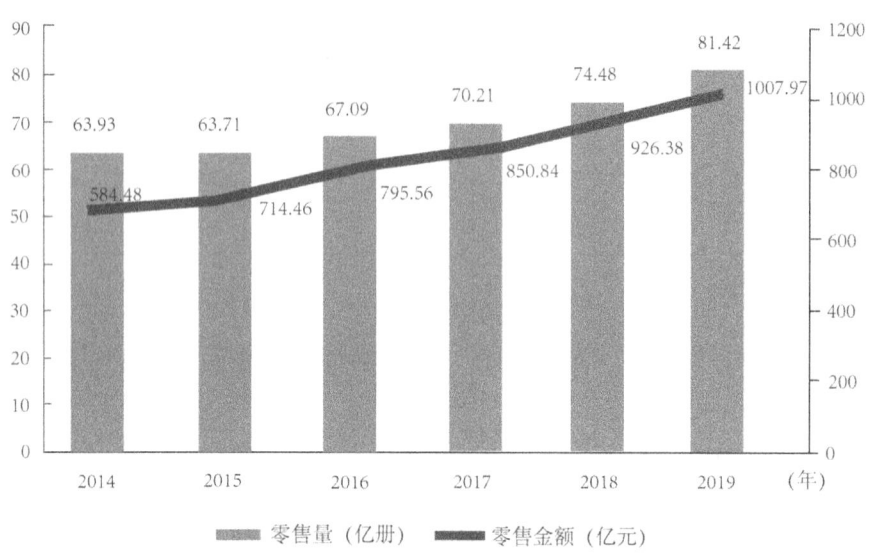

图 4-1　2014—2019 年中国图书出版物零售量及金额

整体来看，中国图书市场规模从 2014 年到 2018 年稳定扩张，从 553 亿元增长至 894 亿元，复合年增长率为 12.76%；到 2019 年，中国图书市场规模突破千亿元，达到 1023 亿元，同比增长 14.43%；2020 年中国图书市场规模有所下降，为 971 亿元，同比下降 5.08%。2014—2020 年中国图书市场规模参见图 4-2。

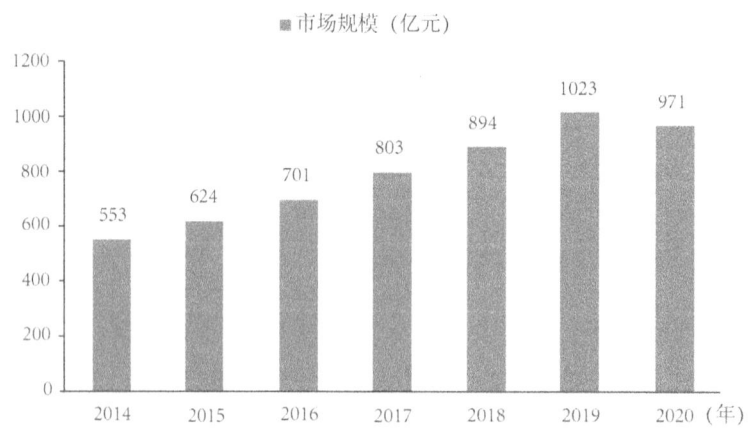

图 4-2　2014—2020 年中国图书市场规模

2018年，国家出台了《中央文化企业公司制改制工作实施方案》。2019年，根据要求，作家出版社、电子工业出版社、人民邮电出版社等一大批中央（部委）出版社相继成立有限公司，着力建立有中国文化特色的现代企业管理制度，完善企业法人治理结构，为解放企业生产力，提高企业经营管理水平，增强其内部生产经营活力奠定了一定的基础。① 其中，根据市场监测，各出版企业发展指标分析参见图4-3。②

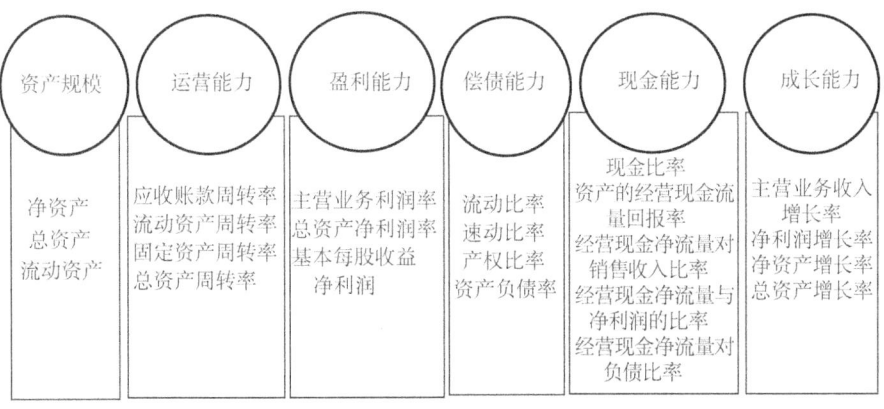

图4-3 出版企业发展指标分析

从发行角度看，改革开放以来，中国的图书发行业的净销售额从1978年的12亿元增长到2020年的461亿元，图书销售利润也有了比较大的增长。组建了广东、江苏、四川等一批有影响力的集团。这些集团积极探索连锁经营等先进企业管理方式，显著增强了集团的软硬实力和发行能力。

从受众环境看，深入推进全民阅读，共同建设书香社会。习近平总书记2019年8月21日考察读者出版集团有限公司时强调，要提倡多读书、建设书香社会。2019年3月5日政府工作报告提出"倡导全民阅读，推进学习型

---

① 2019年度中国出版业发展报告发布［R］，中国出版传媒网，2020-01-19.
② 2021年出版行业发展研究报告［R］，https://new.qq.com/omn/20211214/20211214A0ALC500.html.

社会建设"。出版行业主管部门制定了《关于促进全民阅读工作的意见》。各级政府日益重视全民阅读,"书香中国""全民阅读年会"等一大批品牌活动,一定程度上调动了人民群众的阅读热情,对出版产业的发展起到了一定的促进作用。

通过 2022 年 3 月 27 日开卷 Smart 数据查询分析系统的相关数据,我们了解到,2021 年,中国图书市场动销品种数 223.27 万种,新书品种数 19.33 万种。2021 年中国图书市场结构如图 4-4 所示。

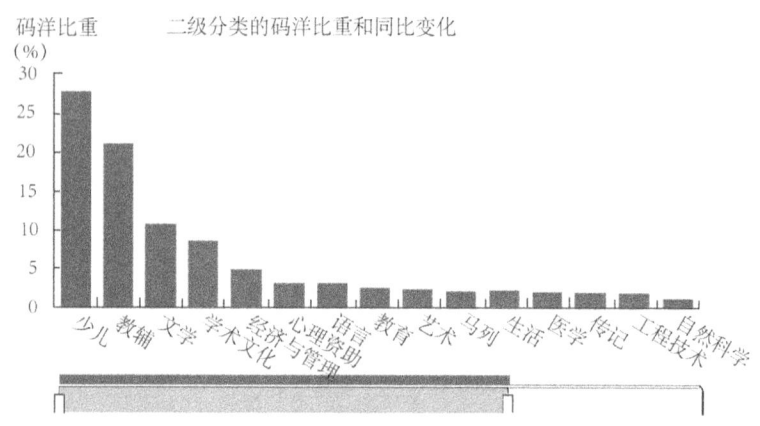

图片来源:开卷 Smart 数据查询分析系统 2022-03-27 数据。

图 4-4　2021 年中国图书市场结构

在以上外部图书出版行业大背景下,中国图书出版业呈现以下发展趋势。

(1) 从发行角度看,实体店渠道负增长,网店渠道正向增长速度放缓

《2021 年中国图书零售市场报告》显示,2021 年图书零售市场同比上升 1.65%,码洋规模为 986.8 亿元,但未恢复到新冠肺炎疫情之前水平(零售渠道中动销图书规模情况如图 4-5 所示)。

从发行渠道看,2021 年,受主题出版图书带动,实体店渠道销售额同比上升 4.09%。但是与 2019 年同期相比,出现了 31.09% 的负增长。网店

渠道保持正向增长，但是增速明显放缓，同比增长仅为1%。

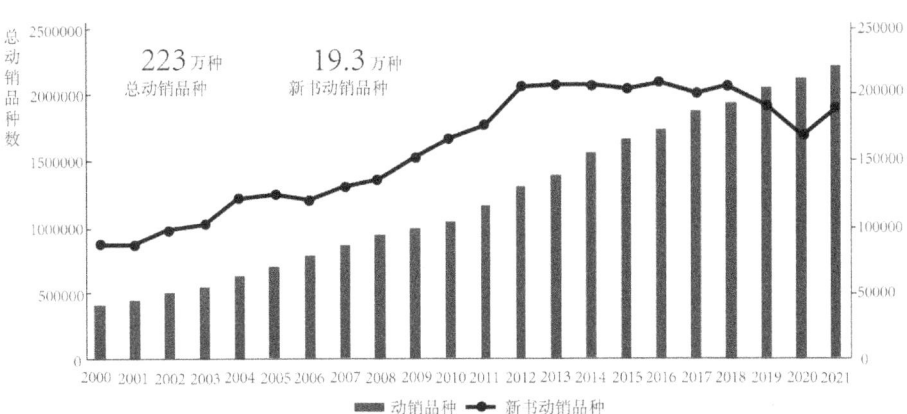

图 4-5　零售渠道中动销图书规模情况（开卷供图）

2021 年，对于实体书店来说，除了依然存在的明显的折扣差之外，移动互联网的快速发展，让读者悄然改变了消费习惯，实体书店的复苏很难，参见图 4-6。

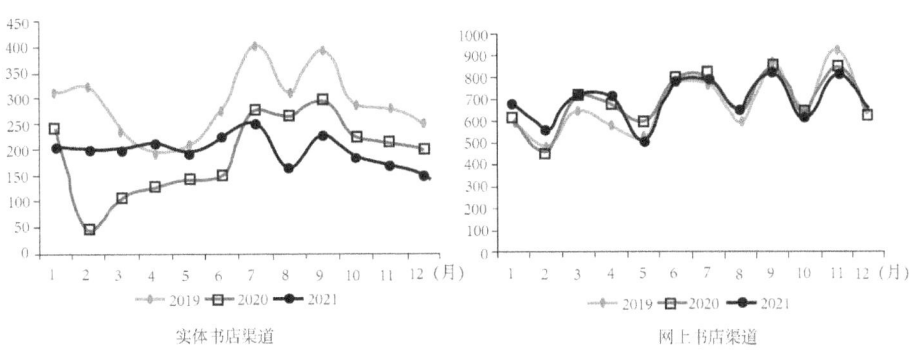

图 4-6　实体店销售趋势低迷，网店渠道大促高点不高（开卷供图）

（2）网文纸书表现突出，学术文化类码洋比重上升

2021 年，整体图书零售市场中，除社科和生活休闲类，其余门类码洋比重均出现同比下降。受一些政策性读物图书带动，社科下级类，马列类码洋比重上升 1.4%，学术文化类码洋比重上升 1.4%。受党史相关图书的带动，学术文化类同比上升超过 20%。新书品种规模与 2019 年基本持平。

从整体市场的头部图书来看,2021年28种销量在百万以上的图书品种中,主题出版相关图书占17个品种。

零售渠道中一级细分市场码洋比重情况详见图4-7。

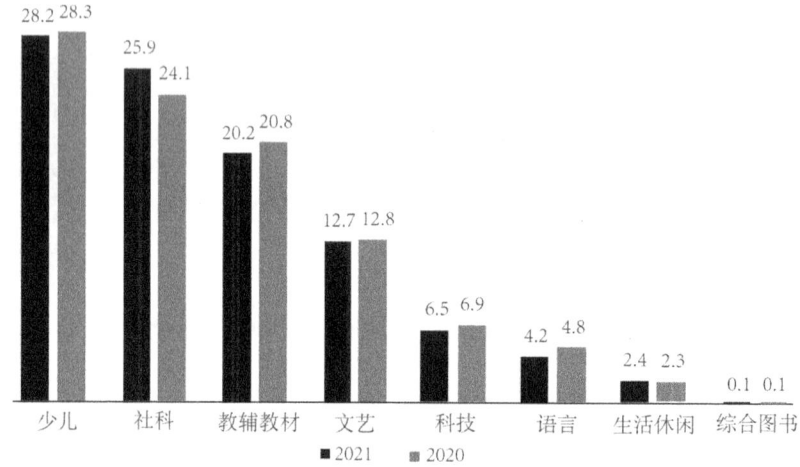

图4-7 零售渠道中一级细分市场码洋比重情况(开卷供图)

(3)图书结构调整走向深入,图书出版总量持续增长

2009—2019年图书出版行业收入构成如表4-2所示。

表4-2 2009-2019年图书出版行业收入构成(单位:亿元)

年份	图书出版	期刊出版	报纸出版	出版物发行	印刷复制	数字出版
2009	462.80	146.00	627.60	1,758.50	6,547.90	799.40
2010	537.90	150.60	729.40	1,898.50	7,918.10	1,051.80
2011	664.40	162.60	818.90	2,162.90	9,305.40	1,377.90
2012	723.51	220.86	852.32	2,418.65	10,360.50	1,935.50
2013	770.78	221.99	776.65	2,710.74	11,094.92	2,540.35
2014	791.18	212.03	697.81	3,023.76	11,740.20	3,387.70
2015	822.55	200.99	626.15	3,234.02	12,245.52	4,403.85
2016	832.31	193.70	578.50	3,426.61	12,711.59	5,720.85
2017	879.60	196.54	578.25	3,179.54	13,156.50	7,071.90
2018	937.30	199.41	575.95	3,116.28	13,727.56	8,330.78

续表

年份	图书出版	期刊出版	报纸出版	出版物发行	印刷复制	数字出版
2019	989.65	199.76	576.10	3,196.54	13,802.63	

从《2021年出版行业发展研究报告》可以看出，近年来，中国图书结构调整走向深入，图书出版总量持续增长，重印图书品种数和总印数增长，报刊出版总印数、总印张继续降低，但降幅整体收窄；主题出版图书印数大幅提升，主流报刊印数继续增加；对"一带一路"国家，版权输出活跃。

2019年出版新书及重印书品种情况见表4-3。

表4-3 2019年出版新书及重印书品种情况

新书/重印书	出版情况	与2018年相比（%）
新版图书	22.48万种	-9.04
新版图书总印数	24.97亿册（张）	-0.79
重印图书	28.12万种	+3.33
重印图书总印数	61.97亿册（张）	+8.58

值得注意的是，重印图书在品种上连续三年超过新版图书，并且差值继续扩大。

在使用中国标准书号的22类图书中，2019年出版的图书品种中，占比较高的几个门类参见表4-4。

表4-4 2019年出版图书品种部分门类占比情况

出版门类	占新版品种（%）	占重印品种比例（%）
文学类	13.81	7.88
文化、科学、教育、体育类	30.37	48.26
经济类	8.454	5.42
艺术类	6.70	4.08
医药、卫生类	5.32	3.85

续表

出版门类	占新版品种（%）	占重印品种比例（%）
历史、地理类	5.48	2.34

（4）社会资本参与出版发行活跃，出版发行行业准入门槛降低

根据《2021年出版行业发展研究报告》，我们可以发现，近年来，出版发行行业准入门槛降低，印刷、分销和一般图书总发行领域已经有非公有资本、外资进入。2019年新闻出版单位情况详见表4-5。

表4-5 2019年新闻出版单位情况

出版单位	数量	与2018年相比（%）
新闻出版单位总数	24.0万家	+3.6
企业法人单位总数	13.96万家	
企业法人单位（国有全资企业）	13080家	-5.1
企业法人单位（民营企业）	120164家	-0.4

从表4-4数据来看，社会资本参与出版发行活跃，但民营企业仍无法独立经营出版企业，国家通过设立审批和许可制管理和控制出版企业数量，因此，近年来出版企业数量趋于稳定。

（5）国民阅读率的变化

根据2020年4月中国新闻出版研究院组织实施的"第十七次全国国民阅读调查"结果，2019年中国成年国民媒介阅读情况参见表4-6。

表4-6 2019年中国成年国民媒介阅读情况

阅读媒介	阅读率（%）	与2018年相比（%）
各媒介综合阅读率	81.1	+0.30
期刊阅读率	19.3	-4.1
图书阅读率	59.3	+0.3
报纸阅读率	27.6	+7.5

续表

阅读媒介	阅读率（%）	与2018年相比（%）
数字化阅读方式（网络在线阅读、手机阅读、电子阅读器阅读、Pad阅读等）的接触率	79.3	+3.1

2011—2019年国民阅读率的变化情况参见图4-8。

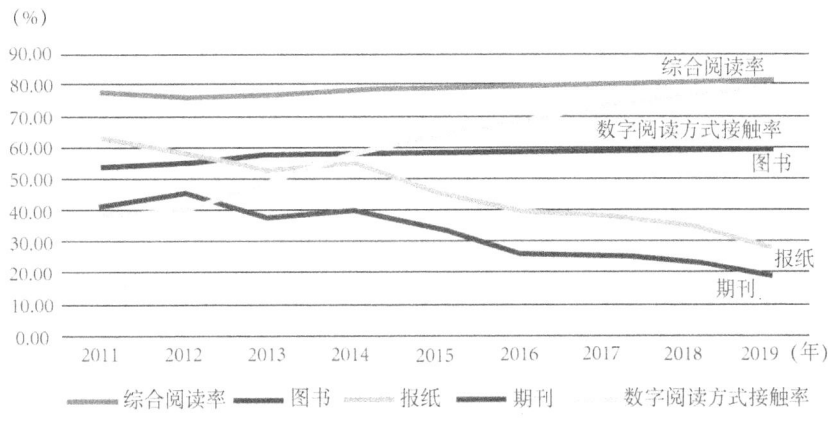

图4-8　2011—2019年国民阅读率的变化情况

（6）数字出版产业收入再创新高

中国新闻出版研究院数字出版研究所公布的数据显示，数字出版产业营业收入近年来屡创新高。2018年，中国数字出版产业整体收入规模为8330.78亿元；2019年，中国数字出版产业营业收入超过9800亿元。

与此同时，传统媒体与新兴媒体正在从过去的产品融合、渠道融合，逐渐演变为平台融合、生态融合，迈向合二为一的一体化发展新阶段。

2015—2019年中国数字出版产业营业收入统计及增长情况参见图4-9。

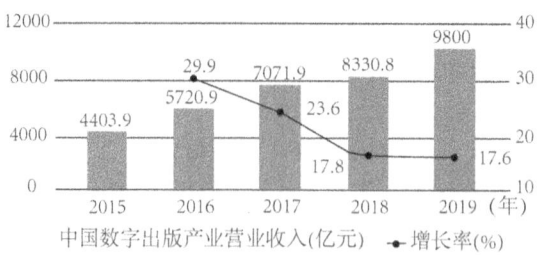

图 4-9　2015—2019 年中国数字出版产业营业收入统计及增长情况

（7）出版业融合发展是趋势

虽然受到数字出版的冲击，传统介质出版物面临严峻挑战，但这并不代表以图书为代表的纸质载体读物会消亡。从整体行业来讲，出版物销售要实现持续增长，需要强化下面三个融合。

一是供应机构的融合，即书店与图书馆"你中有我、我中有你"，打造深度协作、融合的供应链；

二是销售方式的融合，即卖场销售和网络销售线上线下互补，O2O 模式互动；

三是传播手段的融合，即传统营销传播和互联网、移动互联网立体传播分享，微博、微信、App 互动营销传播融合。

与此同时，分析学术图书出版发展的出版行业环境，还需要清醒地看到中国出版产业在过去很长一段时间里存在的不足和面临的挑战。

（1）浮躁的社会影响

我们需要承认这个世界有太多功利的东西影响着学术图书出版行业，跟风、粗制滥造不是个别现象。我们甚至可以发现，个别出版企业对于学术图书的价值判断，完全丧失了学术的、科学的、人文的、社会的起码标准，不断地揣摩着大众的心理和时尚，从来没想过创新和引领学术氛围，创造健康、积极向上的阅读情趣和责任，而是在考虑如何迎合大众。这种浮躁风气使学术图书出版产业深受其害。

另外,部分学术图书创作者形成了追求实用、急功近利的心理,浮躁的心态不利于创作优秀的和特色的学术图书产品。

(2) 出版业泡沫化倾向严重

分析《中国出版年鉴2020》《中国出版年鉴2021》新闻出版资料统计之图书、出版物发行的相关数据,近年来,2019年,中国出版新书品种224762种,品种与2018年相比,下降9.04%;2020年,中国出版新书品种213636种,比2019年下降4.95%。库存方面,2019年全国新华书店系统、出版社自办发行单位年末库存71.71亿册(张、份、盒),1477.16亿元,与2018年相比,数量增长3.84%,金额增长7.40%。2020年全国新华书店系统、出版企业自办发行单位年末库存68.10亿册(张、份、盒),1518.59亿元,与上年相比,数量降低5.03%,金额增长2.81%。新书品种数虽然近年来略有下降,但是年末库存金额持续增长,预示着出版业面临滞涨局面,这为图书出版业敲响了警钟。新书品种数虽然略有下降,但是退货库存仍然保持上升的趋势,说明中国图书消费能力在下降,出版企业仍然靠提价保持增长。目前,许多出版企业通过大量主发图书来广种薄收,这也有可能造成新一轮退货,如此循环,便形成市场泡沫。这并不是行业繁荣兴旺的标志,而是危机四伏的不良先兆。[1][2]

(3) 传统出版物受到电子出版的冲击较大

在互联网大数据时代,新兴出版蓬勃发展是大势所趋。根据新闻出版署前瞻产业研究院前瞻经济学人App的数据,2019年,中国出版图书、期

---

[1] 中国出版年鉴2020编委会. 中国出版年鉴2020 [M]. 北京:《中国出版年鉴》杂志社有限公司,2021.

[2] 中国出版年鉴2021编委会. 中国出版年鉴2021 [M]. 北京:《中国出版年鉴》杂志社有限公司,2022.

刊、报纸、音像制品和电子出版物450.70亿册（份、盒、张），较2018年降低3.1%，需要注意的是，其中，出版电子出版物2.9亿张，较上一年增长13.1%，占出版物总额的0.7%。

2019年中国出版物出版数量、增长率及占比统计情况参见表4-7。

表4-7 2019年中国出版物出版数量、增长率及占比统计情况

出版物类型	数量	增长速度（%）	所占比重（%）
图书（亿册）	105.97	5.87	23.51
期刊（亿册）	21.89	4.48	4.86
报纸（亿份）	317.59	-5.83	70.47
音像制品（亿盒）	2.32	-3.95	0.51
电子出版物（亿张）	2.93	13.05	0.65
合计	450.7	-3.13	100

与此同时，从产业营收增速看，电子出版物的营收增速高达8.56%，产业营收增速最快；图书出版物的营收增速和出版物发行的营收增速分别为5.59%和2.57%，位居产业营收增速第二、第三。

2019年中国新闻出版产业细分类别营收增速统计情况详见图4-10。

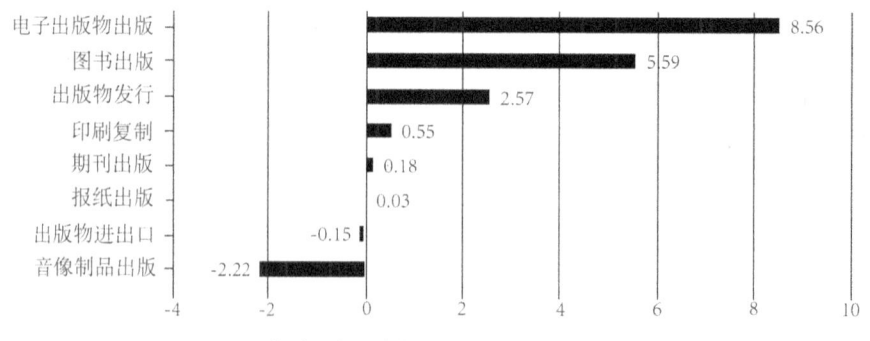

图4-10 2019年中国新闻出版产业细分类别营收增速统计情况

另外,随着出版行业不断加大市场化进程,国内出版单位的选题立项越来越看重图书的经济效益,追求缩短资金回收周期,提高资产周转率。具体到学术图书出版市场来看,中国目前学术图书出版的产品单一,未形成产业价值链,一般仅凭图书的销售来回笼资金。但是,学术图书的读者群不大,图书印量很难有大的突破,通常2000—4000册就已经达到市场饱和,有时甚至更少。如此一来,学术图书的市场风险大,靠原有渠道,往往需要4—5年才能回收资金,回收周期长,影响了资金周转和资本运作,从而也影响了部分出版企业对学术图书的投资热情。

(4)教材出版改革、大众出版泡沫影响出版业利润,学术图书出版市场竞争日趋激烈

从图书出版产业的生产构成看,对应产生了大众图书市场、教育图书市场和学术(专业)图书市场。在中国,图书出版的结构不尽合理,出版业的利润倚重教材和教辅。教材出版改革是出版业发展面临的历史考验。随着国家近年来对教材教辅出版业实行新的管制政策,这些改革措施会影响教材和教辅的出版利润。

另外,根据《中国出版年鉴2021》中新闻出版资料统计结果,以少年儿童读物出版情况为例的大众出版呈现泡沫征兆。2020年,全国共出版少年儿童读物新版18565中,总印数90432万册(张),总印数5023408千印张。与上年相比,新版品种数降低10.94%,总印数降低4.36%,总印张降低11.94%。出版利润有下降趋势,而推进教育出版改革势必影响教材利润,这对部分学术图书出版企业来说,传统的以书养书学术图书出版机制必将产生新的危机。因此,学术图书出版企业需要尽快更新观念,形成既能出版好书,又能赚到钱的良性机制。否则,中国的学术图书出版发展会举步维艰。

(5) 外国出版集团与国内出版社的竞争加剧

近年来,我们会发现不少国外出版集团已经涉足中国出版行业,它们通过合作、合资及授权等方式参与中国出版图书市场的竞争,凭借先进的管理经验、巨大的出版资源,以及雄厚的资金实力,对中国的图书出版产业发展构成了严重的威胁。

在学术图书出版领域,全球化趋势明显。例如,培生(Pearson Group)、威利(Wiley)出版的 STM(Science、Techology、Management)类学术图书参股和控制了意大利、法国、波兰和瑞士等国的学术出版;麦格劳-希尔(Mc Graw-Hill)用当地语言在拉美国家进行学术图书出版。目前,外国出版集团进入中国学术图书出版市场壁垒较高,但是,随着学术图书全球化的深入,外国出版集团已经试图在版权买卖和原版图书销售之外,通过全球组稿、销售等多种方式瓜分中国学术图书出版市场利润,市场竞争加剧。

4.1.2 学术图书出版环境

学术图书出版,对读者来说,其购买行为更多是智力投资行为。

众所周知,教育出版受宏观环境影响最小,经营风险却较高。任何书都不可能像教科书一样,一旦不被采用就前功尽弃。

相对教育出版和学术(专业)出版而言,大众图书出版市场进入门槛最低,但是其在商业运作上麻烦和陷阱最多,隐藏在大众畅销书背后的高库存和高退货等问题,是经营者不得不面临的巨大风险。

学术图书出版则不然,整体上学术图书出版的盈利在 10%~20%。学术图书出版由于其具有的学术性等特征,投资门槛比一般出版要高。如果运作成功，比一般出版盈利高且稳定。①

近年来，中国学术图书出版总体发展环境如下。

(1) 纸书阅读率与国民综合阅读率均有提升

根据中国青年报的调查结果，2020年，中国成年国民的综合阅读率为81.3%，纸质图书阅读率为59.5%。与2008年相比，综合阅读率增长了11.6%，纸质图书阅读率增长了10.7%。这表明有阅读行为的居民数量在全体居民中所占比重显著增加，纸质图书阅读率已经连续15年保持增长。②

(2) 中国80%的成年人开展电子阅读

在中国青年报发布的调查报告《我国国民的纸质图书阅读率和数字化阅读接触率双双上涨》中提到，2008年，"成年国民数字化阅读方式接触率"首次被纳入调查报告，此后，数年来，"成年国民数字化阅读方式接触率"调查结果持续大幅增长，12年间从24.5%增长至79.4%。目前，八成中国成年国民开展电子阅读；在50周岁及以上群体中，已有23.2%的成年国民加入数字化阅读大军。

(3) 纸质图书阅读量、阅读率均持续扩大

2021年4月23日，中国新闻出版研究院在北京发布了第十八次全国国民阅读调查结果，参见表4-8。调查结果显示，深度阅读人群规模持续扩大。③

---

① 赵立涛. 中国出版产业集团化及其国际竞争力研究 [D]. 哈尔滨工程大学管理学博士学位论文，2006：100-101.
② 我国国民的纸质图书阅读率和数字化阅读接触率双双上涨 [N]. 中国青年报，2021-04-24.
③ 纸质书阅读量有所回升，深度阅读人群规模扩大 [N]. 中国教育新闻网，2021-04-28.

表 4-8 第十八次全国国民阅读调查结果

指标主体	阅读情况	与 2019 年相比
中国成年国民纸质图书阅读率	59.5%	增长 0.2%
人均纸质图书阅读量	4.70 本	高于 2019 年的 4.65 本
人均每天读书时间	20.04 分钟	增长 0.35 分钟
成年国民年均阅读 10 本及以上纸质图书占比情况	11.6%	增长 0.5%
成年国民倾向于"拿一本纸质图书阅读"占比情况	43.4%	增长 6.7%

中国社会近年来的变化，也在一定程度上刺激了学术图书出版的增长。具体表现在以下方面。

（1）科教兴国带来发展契机

学术图书出版，作为科教兴国战略中的重要力量，一直以来受到国家的高度重视。

根据国家统计局统计，国家正在逐年加大对科学研究经费的投入。相关统计指标参见表 4-9。这也预示着中国高质量的学术成果必将越来越多，优秀学术选题资源也将越来越丰富。另外，在这些经费中，有一定比例是作为学术图书的出版经费的，最好的例证就是众多出版基金的建立。知名的有国家自然科学基金、国家出版基金、国家科学技术出版基金等。因此，带出版经费的学术著作将越来越多。这些外在的宏观环境都有效促进了学术图书出版产业的发展。

表 4-9 中国科技发展相关指标统计（万人）①

指标	总量指标				速度指标（%）				
					指数（2004 为以下各年）			平均增长速度	
	1978	2000	2018	2019	1978	2000	2018	1979—2019	2001—2019
科学技术									
研究与试验发展经费支出（亿元）		896.0	19677.9	22143.6		2471.4	112.5		18.4
发明专利申请授权数（件）		12683.0	432147.0	452804.0		3570.2	104.8		20.7
技术市场成交额（亿元）		651.0	17697.4	22398.4		3440.6	126.6		20.5
教育									
专任教师数（万人）									
普通高等学校	20.6	46.3	167.3	174.0	844.7	375.8	104.0	5.3	7.2
文化体育									
图书出版总印数（亿册、亿张）	37.7	62.7	100.1	106.0	281.1	169.0	105.9	2.6	2.8

① 《中国统计年鉴2020》编委会. 中国统计年鉴2020 [M]. 北京：中国统计出版社，2020.

续表

指标	总量指标				速度指标（%）				
					指数（2004为以下各年）			平均增长速度	
	1978	2000	2018	2019	1978	2000	2018	1979—2019	2001—2019
电视节目制作时间（万小时）		58.5	357.7	345.6		590.7	96.6		9.8
故事影片产量（部）	46.0	91.0	902.0	850.0	1847.8	934.1	94.2	7.4	12.5

注：本表是在《中国统计年鉴2020》表1-2国民经济和社会发展总量与速度指标基础上整理而成。

（2）高等院校扩招，增加了学术图书受众群底盘

从1998年起，全国普通高校开始扩招，以《中国统计年鉴2020》的数据，从1978年的85.6万人到2019年的3031.5万人，高校扩招的最终结果是促使中国普通高等学校教师数、接受普通高等教育人群近年来稳步增长（见表4-10），稳定增加了学术图书受众群底盘。

表4-10 普通高等学校教师和学生数统计（万人）[①]

指标	总量指标				速度指标（%）				
					指数（2004为以下各年）			平均增长速度	
	1978	2000	2018	2019	1978	2000	2018	1979—2019	2001—2019
教育									

---

① 《中国统计年鉴2020》编委会. 中国统计年鉴2020 [M]. 北京：中国统计出版社，2020.

续表

指标	总量指标				速度指标（%）				
					指数（2004为以下各年）			平均增长速度	
	1978	2000	2018	2019	1978	2000	2018	1979—2019	2001—2019
专任教师数（万人）									
普通高等学校	20.6	46.3	167.3	174.0	844.7	375.8	104.0	5.3	7.2
在校学生数（万人）									
普通本专科	85.6	556.1	2831.0	3031.5	3541.5	545.1	107.1	9.1	9.3
教育经费支出（亿元）		3849.1	46143.0						

注：本表是在《中国统计年鉴2020》表1-2 国民经济和社会发展总量与速度指标之上各级各类学校专任教师数和21-6各级整理而成的。

（3）馆配市场采购新书码洋高，刺激了学术图书的新书出版

根据《中国出版年鉴2021》中的《2020年纸质图书馆配市场年度分析报告》，我们发现2020年全年1300所图书馆中，参与馆配的中文图书品种数为112.9万种，合计2558.9万册，码洋累计高达13.76亿元。

调查结果显示，2020年参与馆配的图书中，2019年版图书码洋份额所占最多，以13.01%的品种贡献40.73%的码洋收益，码洋品种效率为3.13。2020年新书码洋份额为24.28%，品种份额为7.50%，码洋品种效率达到3.24。图书的馆配期一般为2年。因此，大额的馆配新书采购，从某种程度上说进一步刺激了学术图书的新书的生产。

4.2　传播环境

在对中国学术图书出版传播环境进行研究时，我们主要关注的是承担中国学术图书出版的传播者——学术图书出版企业，以及在学术图书传播环节，承担学术图书流通功能的主要流通渠道。

4.2.1　现有学术图书出版企业

出版企业是中国学术图书的出版机构。在中国，需要经过出版行业主管部门的审批才能设立。

为了更清楚地分析中国现有学术图书出版企业的发展实力和发展环境，作者首先借鉴《07版全国出版能力四方角逐》监测报告，从出版领域划分方式，将学术图书的出版主体从科技类出版社、社科类出版社和高校出版社三方面来综合分析。其次，聚焦学术图书的销售主要目标馆配市场，从2020年纸质图书馆配市场表现来看目前我国学术图书出版企业发展现状。

（1）科技类出版社

129家科技类出版社进入《07版全国出版能力四方角逐》竞争力监测系统，占监测出版社总数的23.24%，是第二大类出版社（第一大类别是社科类出版社）。其中，科技类出版社出版能力排行榜见表4-11。同时，这20家出版社也是2007年中国科技类学术图书出版实力较强的学术图书出版企业。

表 4-11　科技类出版社出版能力排行榜[①]

名次	总榜名次	出版社	所属地	指数
1	4	科学出版社	中央	0.5046
2	8	清华大学出版社	中央	0.3777
3	11	中国地图出版社	中央	0.31
4	13	人民卫生出版社	中央	0.2926
5	15	电子工业出版社	中央	0.2784
6	16	机械工业出版社	中央	0.2766
7	19	化学工业出版社	中央	0.2279
8	20	人民邮电出版社	中央	0.2229
9	29	中国建筑工业出版社	中央	0.1902
10	33	中国电力出版社	中央	0.1650
11	35	中国农业出版社	中央	0.1543
12	40	江苏科学技术出版社	江苏	0.1407
13	49	中国铁道出版社	中央	0.1231
14	53	地质出版社	中央	0.1198
15	57	东南大学出版社	江苏	0.1156
16	58	上海科技教育出版社	上海	0.1153
17	61	上海科学技术出版社	上海	0.1126
18	64	金盾出版社	解放军	0.1096
19	70	国防工业出版社	解放军	0.1061
20	73	星球地图出版社	解放军	0.101

注：表 4-11 中总榜名次是指中国所有图书出版机构的出版能力排行；指数为出版能力指数，主要由图书品种、印数、印张、码洋等加权而得。

从表 4-11 可以发现，这 20 家出版社除了江苏、上海各 2 家地方出版社外，皆为中央（部委）出版社。其中，科学出版社、清华大学出版社、中国地图出版社、人民卫生出版社、电子工业出版社等 7 家出版社 2005 年

[①] 刘拥军，马莹. 总署近日发布 2007 年新闻出版统计资料——07 版全国出版能力四方角逐 [N]. 中国图书商报，2007-11-02.

和2006年均占据科技类出版能力排行榜的前7名，包含科技类学术图书出版在内的综合出版实力较强。

根据卷藏·中文图书馆藏分析系统统计，2020年全年1300所图书馆中，参与馆配的中文图书品种为112.9万种，合计2258.9万册，码洋累计13.76亿元。码洋排名TOP20出版社的市场份额合计为31.45%，其中，科技类出版社和社科类出版社分别以22.53%、22.42%排名第一、第二名；大学社（高校出版社）排名第三，码洋份额为15.94%。另外，在上述统计中，经法类出版社码洋份额6.76%，这部分在本书中被纳入社科类出版社统计范畴。2020年科技类出版社码洋排名TOP10参见表4-12。

表4-12　2020年各科技类出版社码洋排名TOP10

排名	出版机构	所属地
1	科学出版社	中央
2	人民邮电出版社	中央
3	机械工业出版社	中央
4	电子工业出版社	中央
5	化学工业出版社	中央
6	中国纺织出版社	中央
7	中国建筑工业出版社	中央
8	中国水利水电出版社	中央
9	中国铁道出版社	中央
10	江苏凤凰科学技术出版社	江苏

注：本表是在《中国出版年鉴2021》年度分析报告：《2020哪些书、哪些社受馆配市场欢迎》表4　2020年科技社码洋排名TOP10基础上整理而来。

从表4-12也能看出，与表4-11相比，除了中国水利水电出版社是新进入榜单的出版企业，其他出版社均在《07版全国出版能力四方角逐》排行榜中。这也能大致反映出目前各家科技出版企业的发展现状及市场格局。

(2) 社科类出版社

社科类出版社有227家进入《07版全国出版能力四方角逐》竞争力监测系统，占监测出版社总数的40.90%，是第一大类出版社。2007年，社科类出版社出版能力排行榜见表4-13。

表4-13 社科类出版社出版能力排行榜[①]

名次	总榜名次	出版社	所属地	指数
1	5	北京师范大学出版社	中央	0.4502
2	6	外语教学与研究出版社	中央	0.4484
3	9	云南人民出版社	云南	0.3652
4	12	北京大学出版社	中央	0.3041
5	24	中国人民大学出版社	中央	0.2071
6	25	上海人民出版社	上海	0.2041
7	27	辽海出版社	辽宁	0.1925
8	28	上海外语教育出版社	上海	0.1911
9	30	中国劳动社会保障出版社	中央	0.186
10	31	甘肃人民出版社	甘肃	0.1739
11	32	山西人民出版社	山西	0.1655
12	36	商务印书馆	中央	0.1518
13	37	人民出版社	中央	0.1499
14	38	陕西人民出版社	陕西	0.1483
15	39	西南师范大学出版社	重庆	0.142
16	41	广西师范大学出版社	广西	0.138
17	43	中国财政经济出版社	中央	0.1332
18	45	法律出版社	中央	0.1259
19	46	华东师范大学出版社	上海	0.1255

[①] 刘拥军，马莹. 总署近日发布2007年新闻出版统计资料——07版全国出版能力四方角逐 [N]. 中国图书商报，2007-11-02.

续表

名次	总榜名次	出版社	所属地	指数
20	47	江苏人民出版社	江苏	0.1242

注：表4-13中总榜名次是指中国所有图书出版机构的出版能力排行；指数为出版能力指数，主要由图书品种、印数、印张、码洋等加权而得。

这20家上榜出版社中，高校出版社6家（高校出版社是社科类出版社中出版能力很强的一个特殊的类别），中央（部委）出版社9家，地方出版社11家。

参与馆配的2020年社科类出版社码洋排名TOP10参见表4-14，2020年经法类出版社码洋排名TOP10参见表4-15。

表4-14 2020年社科类出版社码洋排名TOP10

排名	出版机构	所属地
1	北京联合出版公司	中央
2	社会科学文献出版社	中央
3	中国社会科学出版社	中央
4	中国文史出版社	中央
5	商务印书馆	中央
6	国家图书馆出版社	中央
7	吉林出版集团	吉林
8	中国华侨出版社	中央
9	现代出版社	中央
10	天地出版社	四川

注：本表是在《中国出版年鉴2021》年度分析报告：《2020哪些书、哪些社受馆配市场欢迎》表5 2020年社科社码洋排名TOP10基础上整理而来。

表 4-15 2020 年经法类出版社码洋排名 TOP10

排名	出版机构	所属地
1	中信出版集团	中央
2	经济管理出版社	中央
3	法律出版社	中央
4	中国法制出版社	中央
5	民主与建设出版社	中央
6	经济科学出版社	中央
7	知识产权出版社	中央
8	中国经济出版社	中央
9	中华工商联合出版社	中央
10	中国商业出版社	中央

注：本表是在《中国出版年鉴 2021》年度分析报告：《2020 哪些书、哪些社受馆配市场欢迎》表 8 2020 年经法社码洋排名 TOP10 基础上整理而来。

从 2020 年出版社馆配细分市场占有率来看，与《07 版全国出版能力四方角逐》统计结果相比，上榜出版社中，中央（部委）出版社明显增多。因为高校出版社在 2020 年馆配细分市场统计中按大学社统计，这与《07 版全国出版能力四方角逐》统计方式略有不同。但是，我们也能看到，2020 年社科类出版社出版主体能力排行市场格局与 2007 年有所变化，中央（部委）出版社出版实力增幅明显。

（3）高校出版社

最能体现学术精神和气氛的空间非高校莫属。高校出版社历来是学术图书出版社的主要生力军。进入《07 版全国出版能力四方角逐》竞争力监测系统的高校出版社有 105 家，占监测出版社总数的 18.92%。高校出版社大部分仍然是社科类和科技类出版社，但由于高校出版社具有很强的学术图书出版能力，故本书特对此类出版社出版实力进行分析。图书出版能力排名前 20 位的高校出版社见表 4-16。

表 4-16　高校出版社出版能力排行榜①

名次	总榜名次	出版社	所属地	类别	指数
1	5	北京师范大学出版社	中央	社科	0.4502
2	6	外语教学与研究出版社	中央	社科	0.4484
3	8	清华大学出版社	中央	科技	0.3777
4	12	北京大学出版社	中央	社科	0.3041
5	24	中国人民大学出版社	中央	社科	0.2071
6	28	上海外语教育出版社	上海	社科	0.1911
7	39	西南师范大学出版社	重庆	社科	0.142
8	41	广西师范大学出版社	广西	社科	0.138
9	46	华东师范大学出版社	上海	社科	0.1255
10	57	东南大学出版社	江苏	科技	0.1156
11	59	复旦大学出版社	上海	社科	0.1148
12	67	中央广播电视大学出版社	中央	社科	0.1087
13	97	浙江大学出版社	浙江	社科	0.0826
14	102	武汉大学出版社	湖北	社科	0.0767
15	105	重庆大学出版社	重庆	社科	0.0731
16	106	东北师范大学出版社	吉林	社科	0.0715
17	108	南京师范大学出版社	江苏	社科	0.0702
18	116	陕西师范大学出版社	陕西	社科	0.0661
19	119	上海交通大学出版社	上海	科技	0.0648
20	128	苏州大学出版社	江苏	社科	0.0605

注：表 4-16 中总榜名次是指中国所有图书出版机构的出版能力排行；指数为出版能力指数，主要由图书品种、印数、印张、码洋等加权而得。

参与馆配的 2020 年高校出版社码洋排名 TOP10 参见表 4-17。

---

① 刘拥军，马莹. 总署近日发布 2007 年新闻出版统计资料——07 版全国出版能力四方角逐 [N]. 中国图书商报，2007-11-02.

表 4-17　2020 年高校出版社码洋排名 TOP10

排名	出版机构	所属地
1	清华大学出版社	中央
2	北京大学出版社	中央
3	中国人民大学出版社	中央
4	北京理工大学出版社	中央
5	广西师范大学出版社	广西
6	华中科技大学出版社	湖北
7	浙江大学出版社	浙江
8	上海交通大学出版社	上海
9	南京大学出版社	江苏
10	华东师范大学出版社	上海

注：本表是在《中国出版年鉴2021》年度分析报告：《2020哪些书、哪些社受馆配市场欢迎》表6　2020年大学社码洋排名TOP10基础上整理而来。

对比2020年出版社馆配高校出版社细分市场占有率和《07版全国出版能力四方角逐》高校出版社出版能力排行榜，我们可以发现，清华大学出版社、北京大学出版社、中国人民大学出版社、广西师范大学出版社、浙江大学出版社、上海交通大学出版社、华东师范大学出版社发展平稳。北京理工大学出版社、华中科技大学出版社、南京大学出版社增速明显。

从以上将学术图书的出版主体从科技类出版社、社科类出版社和高校出版社三方面综合分析看，2007年，在中国学术图书出版市场，出现了诸如科学出版社、北京师范大学出版社、外语教学与研究出版社三家出版能力指数在0.4以上，具有较强综合出版实力的企业（中国出版能力指数在0.4以上的出版企业只有7家，被称为出版社7强。另4家是以教育出版为主体的人民教育出版社、教育科学出版社、高等教育出版社、江苏教育出版社）。对比2020年馆配市场各出版企业市场格局数据，总体而言，中国学术图书出版企业市场格局虽略有变化，但出版能力指数相差不大，缺少具有绝对竞争优势的国际出版企业。

在结构分布上，从表4-18可以发现，中国学术图书出版企业在历史上是区域均衡发展战略形成的同构产业布局。中央各部委和高校都有自己的出版社，各省、自治区、直辖市也有同名出版社。学术图书的均衡布局和碎片化造成严重的贸易壁垒，也导致了学术图书低水平重复出版和出版资源的极大浪费。

表4-18　31个省（市、区）出版社比重[①]

比重 地区	种数比重	总印数比重	总印张比重	总定价比重
北京市	3.15	1.15	1.56	1.99
天津市	3.34	1.27	1.62	1.91
河北省	2.09	4.26	4.14	3.42
山西省	1.85	2.07	2.31	2.13
内蒙古自治区	1.95	1.55	1.63	1.64
辽宁省	4.76	2.88	3.12	3.55
吉林省	3.71	2.68	3.04	3.13
黑龙江省	2.36	1.5	1.59	1.65
上海市	14.38	5.12	7.06	9.48
江苏省	6.54	8.52	9.09	9.03
浙江省	5.45	5.68	5.02	5.41
安徽省	2.77	5.09	4.57	3.75
福建省	2.42	2.92	2.82	2.74
江西省	1.59	3.61	2.91	2.81
山东省	5.08	5.91	5.53	5.09
河南省	2.95	6.01	5.53	5.06

① 新闻出版总署计划财务司. 中国新闻出版统计资料汇编（2004）[M]. 北京：中国劳动社会保障出版社，2004.

续表

比重 地区	种数比重	总印数比重	总印张比重	总定价比重
湖北省	4.84	5.29	5.23	4.87
湖南省	3.42	5.52	5.12	5.09
广东省	5.01	4.95	5.23	5.28
广西壮族自治区	3.48	4.2	3.92	3.65
海南省	1.58	1.51	1.43	1.5
重庆市	1.62	2.09	1.96	1.98
四川省	3.82	4.87	5.18	5.14
贵州省	0.77	2.31	1.8	1.26
云南省	1.99	2.76	2.51	2.16
西藏自治区	0.3	0.14	0.13	0.14
陕西省	3.9	3.15	3.22	3.5
甘肃省	0.96	0.82	0.83	0.77
青海省	0.27	0.19	0.21	0.2
宁夏回族自治区	0.41	0.28	0.28	0.27
新疆维吾尔自治区	3.24	1.34	1.4	1.39
合计	100	100	100	100

2020年，选取营业收入、增加值、总产出、资产总额、所有者权益（净资产）、利润总额和纳税总额7项经济规模指标，采用主成分分析法对全国31个省（自治区、直辖市）及新疆生产建设兵团新闻出版业的总体经济规模进行综合评价，发现前10名地区这些年基本保持不变，虽然名次略有改变，详见表4-19。

表4-19 总体经济规模综合评价前10位的地区

综合排名	地区	综合评价得分	2019年排名	排名变化
1	广东	2.9752	1	0

续表

综合排名	地区	综合评价得分	2019年排名	排名变化
2	北京	2.1789	3	1
3	江苏	2.1102	2	-1
4	山东	1.7565	4	0
5	浙江	1.0725	5	0
6	上海	0.9175	6	0
7	四川	0.3428	8	1
8	安徽	0.2003	9	1
9	福建	0.1438	7	-2
10	江西	0.0924	10	0

注：《中国出版年鉴2021》年度分析报告；《2020年新闻出版产业分析报告》表28 总体经济规模综合评价前10位的地区。

另外，从以上分析也可以发现，中央（部委）出版社、高校出版社和地方科技出版社是从事中国学术图书出版的主体力量。这三股主体力量经过多年市场的磨砺，一批大社成长的同时，学术图书出版的力量也分化出了层次，并且已经走向了不同的发展之路。

中央（部委）出版社是学术图书出版领域的主力军。其中出版能力较强的大社，比如科学出版社、电子工业出版社、人民邮电出版社、机械工业出版社等，在学术图书出版领域往往挖掘很深。中国建筑工业出版社的学术图书产品生产码洋达到了8000万元。电子工业出版社在2007年成立了网络与学术图书出版部门，开始尝试性地探索学术图书的网络出版。

同时，我们也可以发现，很多高校出版社都把"注重学术"作为自己的生命线，有强烈的使命感和责任感。例如，北京大学出版社以"教材优先，学术为本，创建一流"为宗旨，出版了多部国内外知名的学术专著。复旦大学出版社社长贺圣遂明确提出："学术含量是出版的灵魂。"该社出版了《中国文学史》《唐代文化史》《中国思想史》等一大批学术专著，扩大了影响力，等等。在此，就不过多举例。高校出版社以学术为本，注重学术图书的出版，在读者心中积累了良好的口碑，也树立了出版社良好的学术图书出版品牌形象。[1]

另外，地方科技出版社由于底盘有限，出版资金相对紧张，更多地选择在某一细分领域深入，也表现出了良好的发展态势。在战略上，地方科技出版社大多力推拳头产品。例如，山东科技出版社近年来连续推出了"世界权威医学著作译丛"、《铁林迪妇科手术学》《威廉姆斯产科学》等图书，均为大部头的医学学术名著，引人注目。[2]

总体来说，学术图书出版企业的发展和综合实力近年来有所提升，学术图书"发行难""赚钱难""出书难"的矛盾得以逐步改善。

4.2.2 现有学术图书流通渠道

中国图书市场传统的流通渠道主要有以下四种方式，见表4-20。

表4-20 中国图书市场传统的流通渠道[3]

流通渠道	特征
新华书店	中国图书发行机构的主体，是社会主义全民所有制的专营图书发行企业。新华书店内部，按照职能大体分为发行店、管理店和销售店 (1) 发行店承担图书进发、调剂、储运任务，并独立进行核算； (2) 管理店只承担对下级书店进行业务、财务、人事等方面的管理职能，而不直接承担图书的销售任务； (3) 销售店直接承担图书销售任务，并且独立进行经济核算

---

[1] 郭志坤. 构建"以学术为本"的出版战略高地 [N]. 中华读书报，2004-12-29.
[2] 王洪波. 冷静面对夹击地方科技出版社加紧寻求"突围"良策 [N]. 中华读书报，2002-12-12（中华读书网，www.booktide.com）.
[3] 罗紫初，汪林中，宋少华. 出版发行学基础 [M]. 太原：山西经济出版社，2000.

续表

流通渠道	特征
社会发行网点	这类销售网点有集体书店、个体书店、国有商业售书店等
出版社自办发行机构	指各出版社自设的门市、邮购部、批发部等。按照自行承担发行任务的程度，把各出版社自办发行分为： 一是出版部门自设门市对学术图书实行自销。这是出版部门在满足了销售单位的图书预定数后对多印的部分图书自行销售的形式； 二是征订批销，图书的征订工作由出版部门直接向销货店布置，发货的工作由出版部门处理，图书的储备由出版部门负责； 三是出版部门全部自办发行，既可以委托发行系统的销货部门代销，也可以用邮购和向读者征订的办法推销图书
各类图书发行公司	近几年来，陆续出现的一类新型发行机构。有的由多家出版社联合筹建，有的由出版社与书店联合兴办，有的则由一些学术团体主办，也有由若干国有书店横向联合设立。这类公司大多采用集资入股的办法筹集资金，经营上有一定的灵活性

长期以来，中国的学术图书与其他图书一样，销售渠道较为单一，主要是通过传统的新华书店渠道销售，辅以社会发行网点（例如，高校书店、民营学术书店等），以及各学术图书出版企业自办的发行机构和各类联合学术图书发行公司渠道销售。

但事实上，因为学术图书自身的特点（如读者面较窄、学术性较强），上述渠道发行效果不理想，具体原因参见表4-21。

表 4-21 中国学术图书渠道发行不理想原因

发行渠道	具体原因
新华书店发行的效果不理想	由于销售速度较慢,学术图书经济效益不明显,容易给书店带来经济压力和库存;学术图书的生命周期较长,但书店的柜面资源有限,学术图书上架可能性不大
民营学术书店的规模实力有限,所起作用有限	民营学术书店较难建成全国性、大规模的发行网络,虽然为学术图书发行开辟了新渠道,但是所起的作用有限 基于民营学术书店自身经济效益的考虑,往往也只销售普及型、畅销型的学术图书(甚至不限于销售学术图书)
学术图书的网络售书和读者俱乐部还未成气候	虽然学术图书以其"量小面窄"的特点,适合以网络和读者俱乐部的方式发行。但是,从目前中国学术图书市场销售现状看,学术读者俱乐部太少。号称国内最学术的学术图书销售网站的蔚蓝网络书店在业内的影响都也极其有限
联合学术图书发展公司的作用也十分有限	侧重2年内出版的新书,出版时间超过2年的学术图书不好卖。当前,读秀学术搜索整合了近千家图书馆(高校图书馆为主体)的馆藏书目信息,能够很好地观测图书馆收藏图书信息。结合近几年出版的图书销售数据,可以清晰地看到一大批专业图书的主要去向是高校图书馆和公共图书馆,读者个人买书的比例不高

同时,不容忽视的是,学术图书的流通与其他图书的流通相比,也具有一些自身的优势,如:受众群固定;发行量较稳定;时效性不强(甚至个别书"时间越长酒越香"),流通期长;回款有保障等。

4.3 受众环境

在现代传播学中,我们通常将使用媒体的人称为"受众"。受众通常是指信息传递过程中的接收者,是读者、听众、观众的总称,是信息在传播过程中的终点,如图4-11所示。从图4-11中,我们也可以看出,在信息传递的过程中,受众只是被动地接收传播者传递给他们的信息。①

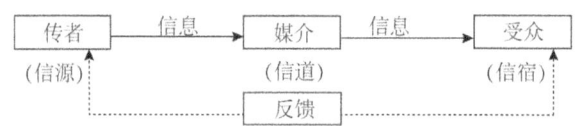

图4-11 信息传播过程

本书所指的受众,是学术图书出版产品的接受者(通常所说的图书读者)。学术图书出版的受众,是有一定学术背景的学者,它绝不是被动的信息接受者,可以通过多种渠道及时地与学术图书出版生产者(出版社和作者),以及流通主体进行信息交互,也可以自己主动地选择所需要的图书产品。

4.3.1 受众规模和区域结构

学术图书出版市场是由具有购买欲望并且有购买能力的受众群体所构成的,所以,受众群体是构成学术图书出版市场的第一要素。

学术图书内容有一定深度,要求其受众具有较高的文化水平,因此,考察潜在学术图书受众群体,我们会发现受教育程度较高的那部分人口群体的购买可能性较高。

笔者认为,一国的学术图书市场容量大体可以用一个国家接受大学(大

---

① 谢新洲. 网络传播理论与实践 [M]. 北京:北京大学出版社,2004:105-106.

专以上）教育的人数反映。近年来，从中国高等院校持续扩招的现状来看，中国接受大学（大专以上）教育程度的人数在稳步提高，人口结构在逐步优化，这也反映出中国学术图书出版的受众规模在逐步扩大。根据国家统计局官网消息，第七次全国人口普查结果，2020年11月1日零时我国大陆31个省、自治区、直辖市（以下简称省份）和现役军人的人口受教育基本情况中，拥有大学（指大专及以上）文化程度的人口为218360767人。

另外，从表4-22可以看出，中国各地人口教育水平差异很大，这也启示了学术图书出版在寻找作者资源和销售重点推广上需要考虑这种地区分布不均衡性。

表4-22 每10万人口中接受大学（大专以上）教育程度人数统计[①]

单位：人/10万人

地区	大学（大专及以上）
全国	15467
北京	41980
天津	26940
河北	12418
山西	17358
内蒙古	18688
辽宁	18216
吉林	16738
黑龙江	14793
上海	33872
江苏	18663
浙江	16990

---

① 新京报. 国家统计局：全国人口中大学文化程度人口为218360767人[EB/OL]. 2021-05-11. https://baijiahao.baidu.com/s?id=1699426471371396389&wfr=Spider&for=pc.

续表

地区	大学（大专及以上）
安徽	13280
福建	14148
江西	11897
山东	14384
河南	11744
湖北	15502
湖南	12239
广东	15699
广西	10806
海南	13919
重庆	15412
四川	13267
贵州	10952
云南	11601
西藏	11019
陕西	18397
甘肃	14506
青海	14880
宁夏	17340
新疆	16536

注：根据第七次全国人口普查结果，2020年11月1日零时我国大陆31个省、自治区、直辖市（以下简称省份）和现役军人的人口受教育基本情况整理而成。

从表4-22可以看出，从绝对量来说，北京市、辽宁省、上海市、江苏省、山东省、陕西省、湖北省、湖南省、广东省、浙江省、天津市等省市潜在学术图书受众群体比较集中，是学术图书出版应重点关注的区域。

另外，从表4-23可以发现，中国东部地区、中部地区、西部地区、东北地区受众分布也存在明显差异。东部地区、中部地区、西部地区潜在学术图书出版受众群体大于东北地区。

表 4-23　东、中、西部及东北地区国民经济和社会发展主要指标（2019 年）

指标	全国统计	东部地区		中部地区		西部地区		东北地区	
		绝对总数	占全国总比重（%）	绝对总数	占全国总比重（%）	绝对总数	占全国总比重（%）	绝对总数	占全国总比重（%）
总人口（年末）（万人）	140005.0	54164.5	38.6	37246.2	26.5	38179.8	27.2	10793.7	7.7
居民人均可支配收入（元）	30732.8	39438.9		26025.3		23986.1		27370.6	
城镇居民人均可支配收入	42358.8	50145.4		36607.5		36040.6		35130.3	
农村居民人均可支配收入	16020.7	19988.6		15290.5		13035.3		15356.7	

续表

指标	全国统计	东部地区		中部地区		西部地区		东北地区	
		绝对总数	占全国总比重（%）	绝对总数	占全国总比重（%）	绝对总数	占全国总比重（%）	绝对总数	占全国总比重（%）
社会消费品零售总额（亿元）	408017.2	206182.2	50.5	97843.0	24.0	84504.7	20.7	19487.4	4.8
普通高等学校数（个）	2688.0	1020.0	37.9	699.0	26.0	711.0	26.5	258.0	9.6
本专科在校学生数（万人）	3031.5	1139.7	37.6	840.6	27.7	799.3	26.4	251.9	8.3

注：占全国比重以各地区合计数为100计算。本表是在《中国统计年鉴2020》表25-15 东、中、西部及东北地区国民经济和社会发展主要指标（2019年）基础上整理而成的。

4.3.2 受众需求特征

分析近年来中国学术图书受众需求特征，笔者认为主要体现在以下几个方面。

（1）学科分支的不断细化，学术图书出版受众阅读兴趣日趋多样化

随着学科分支不断细化和相互渗透，学术图书的市场容量逐渐增加，读者的阅读兴趣也日益多元化。这使得任何图书都有可能拥有特定的受

众,并且任何受众的总规模都不是很大,除了少数畅销书。这也揭示了学术图书出版需要明确读者定位,学术图书的编校难度和市场营销难度加大。

(2) 对学术图书品质的要求高

随着中国学术图书出版市场品种日益增多,供大于求,受众对学术图书品质的要求也日趋提高,更希望学术图书具有鲜明的特色和较高的知识内涵,从而有助于提高自身的知识层次和学术研究能力。

内容相似、重复的学术图书已不受欢迎。由于受众具有较高的认识能力和独立思考能力,并且可选择范围增大,缺乏鲜明特色的学术图书,难以满足受众对学术图书知识消费的需求。因此,只有学术图书精品,才能受到受众的欢迎。

(3) 受众的从众心理

学术图书销售的"马太效应"是由受众的从众心理导致的。学术图书获得的关注度越高,销量越好;学术图书获得的关注度越少,越容易滞销。

(4) 需求变化频次加快

科学技术的日新月异,反映到学术图书市场上,主要体现在受众对学术图书内容、品种的需要更新加快。于是,即使是同样的学术图书选题,其内容必须紧跟最新研究成果。这可以说是学术图书发展环境中来自受众的最大挑战。

(5) 越来越多的受众选择网上购书

由中国新闻出版研究院组织实施的第三次全国国民阅读调查结果显示,随着生活节奏的加快,越来越多的中国读者选择在网上书店购买书籍。网上书店最大的优势就是提供多种同类书籍供读者选择。例如,英国剑桥的 Heffers 在线书店提供 190 万种图书①。

学术图书出版的受众，由于其文化层次比较高，更倾向于借助电脑本身的检索功能，从容选择关注的学术图书产品。

(6)"读图文化"悄然升温影响学术图书受众需求

社会生活节奏的加快，对学术图书受众需求的另一个影响在于，人们的阅读时间大为降低，学术图书这种传统意义上理论性较强的图书，其受众对"图解"类更易于理解的学术图书的需求也日趋增大。一大批"图解"类学术图书逐渐畅销。

4.4 科技环境

在学术图书出版所面临的科技环境中，最大的挑战是互联网和新媒体技术的兴起。它对学术图书出版的影响主要体现在以下几个方面。

4.4.1 电子出版为学术图书出版发展带来新机遇

"哥伦比亚大学在线图书评估项目"（the Columbia University Online Books Evaluation Project）是一个探索美国在线学术出版的研究项目。它的研究结果表明：第一，网页可以大大提高学术资源的利用率；第二，学术图书作者非常愿意通过互联网搜索图书，并据此阅读。②

在全球范围内，全球首个免费电子书网站（www.gutenberg.net）"古登堡计划"（Project Gutenberg）的推出取得了非常积极和有效的成果。"古登堡计划"的理念很简单：任何进入公共领域的重要文件都可以无限期地复制到任何人的计算机上，让每个学习者和每个家庭都有平等的机会学习人类丰

---

① 罗紫初. 网上售书，火爆异常 [J]. 出版科学，2000 (3).
② 杨贵山. 美国学术出版的网络潜力 [N]. 中国图书商报，2003-06-13 (12).

富的知识。①

从中国的学术图书出版现状来看,学术文献数据库的电子出版业也已逐步起步,并初显成效,例如,清华同方的学术文献数据库等。但在学术图书的电子出版方面,大多数出版社仍停留在观望和技术准备阶段。

4.4.2 按需印刷技术为学术图书出版提供新出版方式

按需印刷(Print on Demand,POD)是一种基于数字技术的印刷方式。它使用精密和高度自动化的现代数字印刷机,根据实际需求生产可变数量的即时印刷。按需印刷不会因为印刷数量的变化而导致印刷成本有很大的变化。因此,小印刷数量的学术图书的出版尤其需要按需印刷技术。此外,按需印刷技术的全数字化生产流程一是有利于学术图书版本的保存,可多次使用、多次印刷;二是可以突破地域限制,实现远程打印;三是可以进一步提高印刷质量和印刷速度。

4.4.3 基于网络的书内搜索技术为学术图书出版提供新销售方式

互联网对当代中国学术图书出版的影响越来越广泛和深远。2022年2月中国互联网络信息中心(CNNIC)正式发布了第49次中国互联网发展状况统计报告(以下简称报告)。报告显示,截至2021年12月,我国网民规模达10.32亿,较2020年12月增长4296万,互联网普及率达到73.0%。报告还显示了中国网民的结构特征。受过高等教育的网民数量巨大,并呈现逐年增长趋势,而这部分群体正契合学术图书受众群体特征,是学术图书出版的潜在购买者。

亚马逊(www.amazon.com)于2003年10月正式推出书内搜索(Search Inside the Book)服务。该服务允许任何注册用户从亚马逊上的

---

① 彭伦. 世界最大免费电子书网站藏书万种[N]. 文汇读书周报,2003-10-24(2).

120000 本书和 3300 万页文本中准确搜索特定单词和短语。据该公司称，在图书搜索服务推出后的前 5 天，亚马逊的图书销量增长了 9%。这也让出版企业有理由相信，书内搜索技术的广泛应用将有利于学术图书的全球销售和传播。

第5章　中国学术图书出版竞争能力分析

为了客观地评价现阶段中国学术图书出版在整个图书出版产业中的地位，尤其是在当前社会环境下，学术图书出版发展所面临的竞争态势，本章首先运用迈克尔·波特的产业竞争力理论的主要观点，试图找出影响中国学术图书出版产业发展的关键因素，随后，运用企业战略研究中常常被用到的 SWOT 分析工具，进一步研究现阶段中国学术图书出版的竞争能力。

5.1　产业分析的 SWOT 方法

在企业战略研究中，我们经常用到的分析工具是 SWOT 分析。它被广泛应用于企业战略管理、市场研究、竞争对手分析等领域。因此，本书对中国学术图书出版的竞争能力做分析，首选 SWOT 分析。

5.1.1　SWOT 分析的原理

SWOT 是优势 S（Strengths）、劣势 W（Weaknesses）、存在的机会 O（Opportunities）、威胁 T（Threats）的缩略语。它们是产业发展策略决策的四大基本因素，共同构成了企业发展中面对的竞争态势。

在"发挥优势因素，克服弱势因素；利用机会因素，化解威胁因素；立足当前，着眼未来"思想指导下，通过 SWOT 分析，可以得出 SO、WO、ST、WT 这四种可选择的对策[①]，见表 5-1，竞争态势分析矩阵见表 5-2。

表 5-1　SO、WO、ST、WT 含义

可选择的对策	含义
SO 对策	"最大与最大对策。"着重考虑优势因素和机会因素，目的在于力求使这两者的有利影响都趋于最大
ST 对策	"最大与最小对策。"着重考虑优势因素和威胁因素，力求使前者的有利影响趋于最大，而后者的不利影响趋于最小
WO 对策	"最小与最大对策。"着重考虑弱势因素和机会因素，力求使前者的不利影响趋于最小，而后者的有利影响趋于最大
WT 对策	"最小与最小对策。"着重考虑弱势因素和威胁因素，力求使两者的不利影响都趋于最小

---

① 谢新洲. 网络传播理论分析与实践 [M]. 北京：北京大学出版社，2004：231-233.

表 5-2　竞争态势分析矩阵①

外部环境力量 \ 内部的资源和能力 \ 可选择的对策	机会（O）	威胁（T）
	O1 O2 O3 ……	T1 T2 T3 ……
优势（S） S1 S2 S3 ……	SO 策略 S1O1、S1O2…… S2O1、S2O2…… S3O1、S3O2…… ……	ST 策略 S1T1、S1T2…… S2T1、S2T2…… S3T1、S3T2…… ……
劣势（W） W1 W2 W3 ……	WO 策略 W1O1、W1O2…… W2O1、W2O2…… W3O1、W3O2…… ……	WT 策略 W1T1、W1T2…… W2T1、W2T2…… W3T1、W3T2…… ……

5.1.2　SWOT 分析的过程

从整体上看，SWOT 可以分为 SW（内部条件）和 OT（外部条件）两部分。分析 SW 和 OT，从中找出对自己有利的、值得发扬的因素，以及对自己不利的、要避开的东西，发现存在的问题，找到解决问题的办法，才能更好地明确以后的发展方向。

从产业生存环境出发，考察产业竞争实力的 SWOT 分析过程如图 5-1

---

① 谢新洲. 网络传播理论分析与实践 [M]. 北京：北京大学出版社，2004：232.

所示。

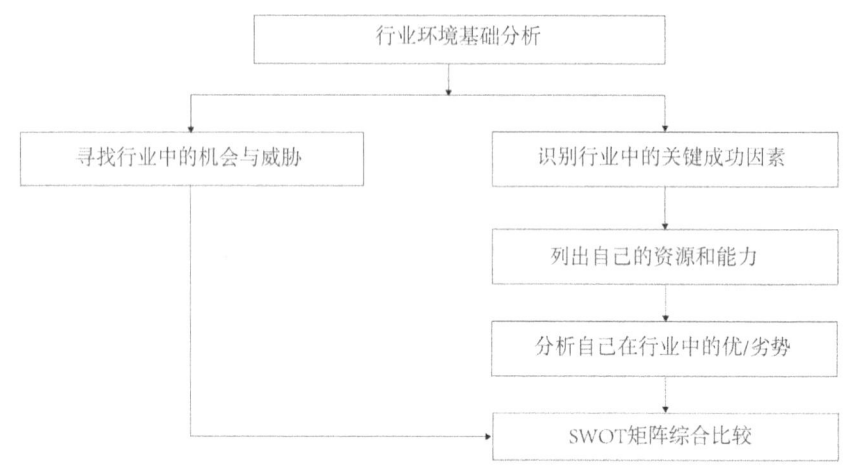

图 5-1　SWOT 分析过程①

本书借助 SWOT 分析过程，在对整个中国出版行业环境做基础性分析（详见第 4 章）后，试图用产业竞争力理论剖析学术图书出版产业的关键成功因素。在此基础上，分析中国学术图书出版产业在行业中的优劣势，寻求行业中的机会与威胁，并通过 SWOT 矩阵对中国学术图书出版产业做综合比较分析。

5.2　产业竞争力理论在学术出版环境下的关键成功因素分析

迈克尔·波特的产业竞争力理论将产业国际竞争力分为如表 5-3 所示的四个阶段。

---

① 谢新洲. 网络传播理论分析与实践 [M]. 北京：北京大学出版社，2004：233.

表 5-3 迈克尔·波特的产业竞争力理论的四个阶段

阶段	特征
要素驱动阶段	竞争优势得益于某些生产要素，例如，拥有丰富的自然资源
投资驱动阶段	以国家或企业积极投资意愿和能力为竞争优势取得基础
创新驱动阶段	运用和改进从其他国家或产业获得的技术，创造和发明新技术是产业提升竞争力的主要动力
财富驱动阶段	在产业国际竞争力衰弱阶段，其产业发展驱动力是通过已经获得的财富，操纵国家政策保护自己的利益，或者企业兼并和收购阶段

在表 5-3 所示的四个阶段的基础上，迈克尔·波特提出了著名的产业竞争"钻石模型"。这是分析产业关键成功因素的重要理论和常用分析工具。

5.2.1 迈克尔·波特的产业竞争力理论

迈克尔·波特认为，一个国家的特定产业能否取得成功的关键取决于生产要素，需求条件，相关支持性产业，企业战略、企业结构与同业竞争四个基本因素（如表 5-4 所示），即"钻石模型"（如图 5-2 所示）。

表 5-4 迈克尔·波特的产业竞争力理论四个基本因素

基本因素	释义
生产要素	包括自然资源、知识资源、人力资源、资本资源、基础设施等，其中，特别强调的是"要素创造"，而不是一般的要素
需求条件	包括产业需求的质和量（消费者的行为特点、需求结构等）
相关支持性产业	与分析产业相关的辅助性产业
企业战略、企业结构与同业竞争	略

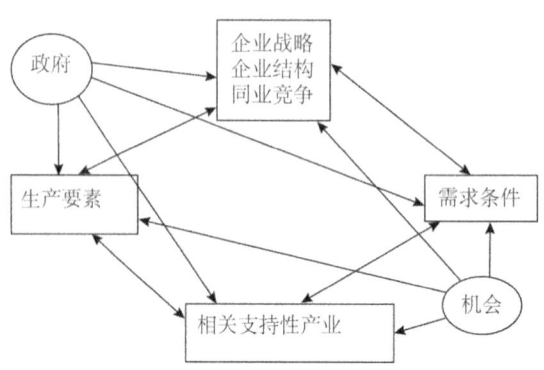

图 5-2　迈克尔·波特的产业竞争力"钻石"模型①

从图 5-2 迈克尔·波特的产业竞争力"钻石"模型可以看出，除了四个基本因素外，分析一个国家特定产业的竞争力，还要考虑另外两个不可或缺的因素：机会和政府。

钻石体系的每一点和体系本身都是影响企业和产业在国际竞争中成功的基本条件。

5.2.2　中国学术图书出版产业关键成功因素分析及主要发现

蔡继辉先生在《中国文化产业竞争报告》中根据以上迈克尔·波特的"钻石模型"，从 7 个竞争力要素、32 个关键指标，对比 2003 年中国、美国、英国、德国、日本五个国家出版产业数据，解析中国出版产业关键成功因素，参见表 5-5。这是目前为止，对中国出版关键成功因素解析比较全面的研究成果。

本书借鉴以上相关竞争力要素和关键指标分析框架，来研究中国学术图书出版产业这一细分市场产业竞争力影响因素。

---

① 迈克尔·波特. 国家竞争优势 [M]. 李明轩，邱如美，译. 北京：华夏出版社，2005.

表 5-5　中、美、英、德、日五国图书出版业竞争力各项指标对比①

竞争力要素		关键指标	中国	美国	英国	德国	日本
产业基本状况		销售收入（亿美元）	4349	268.74	35	92.24	9490
		销售收入占 GDP 比重（%）	0.425	0.257	0.374	0.438	0.190
		出版社（公司）总数	568	9000		16000	4400
		年出版新书总数（种）	100960	150000	125000	8000	70000
生产要素状况	人力资源	人口数（万人）	128098	28837	5886	8250	12714
		城市人口比重（%）	36.2	77.2	89.5	87.5	78.8
		大学生粗入学率（%）	6.2	77.0	58.1	46.0	43.9
		行业从业人数（万人）	49024		36401	24470	
		创造、经营人才整体素质	2.62	4.54	4.09	3.95	3.89
	金融资源	出版市场开放程度	1.80	4.48	4.49	3.56	3.71
		出版业对外资吸引程度	3.00	3.74	3.58	3.53	3.60
	知识资源	人文发展指数	0.726	0.939	0.928	9.925	0.933
		出版资源开发利用程度	2.48	4.62	4.19	3.95	3.85
需求状况	需求结构	人均 GDP（美元）	4329	34888	24421	25715	27101
		人均 GDP 增长率%	5.5	2.8	2.5	1.3	0.4
		1993—2002 年经济增长率（%）	9.5	3.3	2.8	1.4	0.9
	消费者行为	城镇居民文化娱乐支出比重	13	10.8			12.8
		图书读者的成熟度	2.46	4.47	4.26	4.25	3.96
相关产业的状况		印刷产业的促进程度	3.26	4.10	3.80	3.85	3.96
		教育产业	3.41	3.31	3.63	3.27	3.37
		报刊产业	2.36	3.40	3.64	3.28	3.87
		文化产业	2.69	3.72	3.36	3.48	3.60

---

① 蔡继辉. 中国文化产业竞争报告 [M]. 北京：社会科学文献出版社，2004.

续表

竞争力要素	关键指标	中国	美国	英国	德国	日本
企业的规模结构和竞争方式	出版社年均销售收入（美元）	7675.7	198.6		57.65	2.16
	平均出版图书种数	176	35		5	16
	产业集中度（CR_4）（%）		19.58	33.74		40
	出版社的产业化程度	3.35	4.58	4.12	4.35	4.01
	出版社的管理水平	2.11	4.28	4.19	4.16	4.71
国家行为与企业管理	出版产业政策的科学性	2.10	4.40	4.50	4.81	4.46
	国家知识产权保护度	1.96	4.67	4.57	4.40	4.14
	出版业法律法规完善度	2.14	4.96	4.86	4.84	4.48
国际市场拓展	图书出口总额（美元）	1363.44	16.81	12		12851
	图书出口占消费收入比重（%）	0.26	6.26	34.29		

对表5-3相关数据做进一步比较分析，可以看出，从产业基本状况数据来看，如图5-3（将上述数据大致按外汇牌价，已经做了相关换算处理）、图5-4、图5-5所示，中国出版业总体发展态势良好。具体到中国学术图书出版产业，不难发现近年来学术图书品种也有逐年增多趋势，产业发展形势良好。

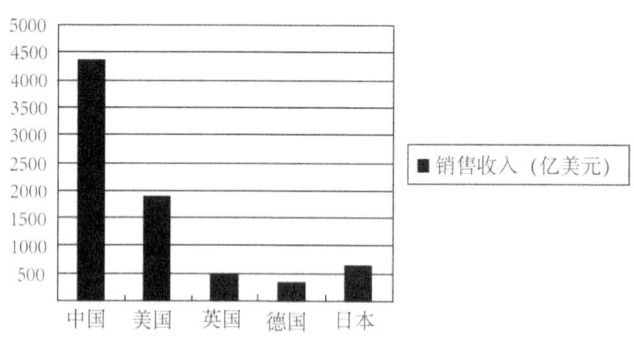

图5-3 关键指标［销售收入（亿）］比较（2003年）

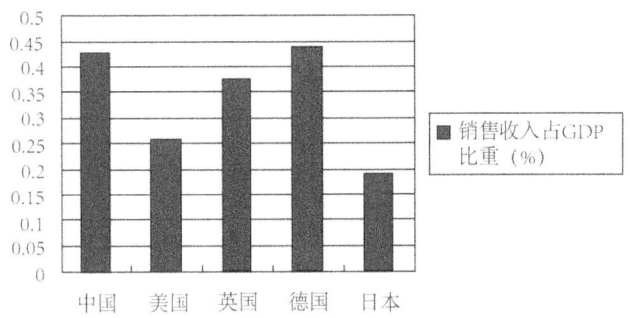

图 5-4　关键指标 [销售收入占 GDP 比重（%）] 比较（2003 年）

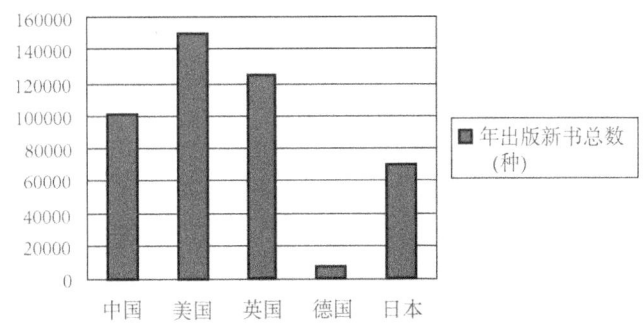

图 5-5　关键指标 [年出版新书总数（种）] 比较（2003 年）

研究生产要素状况中的人口数、城市人口比重、大学生粗入学率的相关数据可以发现，如图 5-6、图 5-7 所示，中国与其他出版产业发达国家相比，读者群体庞大。但是，由于学术图书读者需要有一定学术背景，从中国人口分布现状来看，中国学术图书出版读者大都居住在城市，且一般拥有大学及以上学历，而中国的城市人口比重却只有 36.2%，大学生粗入学率为 6.2%，比重相对较低，这也大致能反映中国学术图书出版与国外学术出版、国内其他出版相比，在整个国家出版产业中的相对读者群体较小的情况。分析行业从业人数和创造、经营人才整体素质关键指标可以发现，中国行业从业人员庞大（49024 万人），但创造、经营人才整体素质却有待提高。

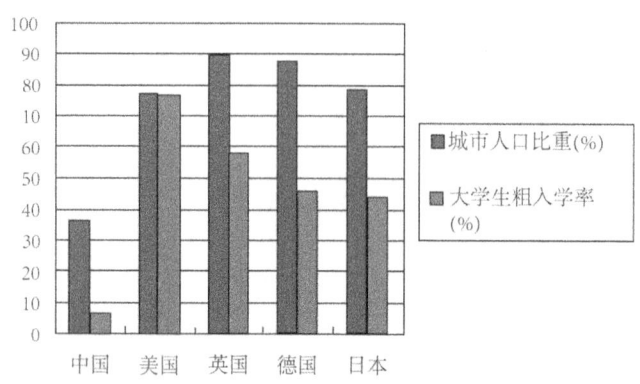

图 5-6 关键指标［城市人口比重（%）、大学生粗入学率（%）］比较（2003 年）

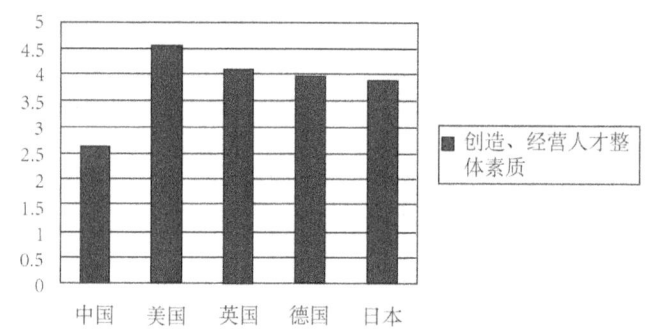

图 5-7 关键指标（创造、经营人才整体素质）比较（2003 年）

另外，从金融资源（出版市场开放程度：1.80；出版业对外资吸引程度：3.00）来看，如图 5-8 所示，由于中国出版市场开放程度不高，这种政策壁垒现状虽然能降低国外学术强势出版集团完全进入中国学术出版市场给中国出版企业所带来的竞争压力，但也不利于中国学术图书出版企业的市场成长。另外，由于学术图书出版资金回收周期相对较长，需要有一定的资本运作，以减少学术图书出版企业的资金和库存压力，而中国出版业对外资吸引程度较低，也预示了中国学术图书出版产业需要更多地考虑在本国资本市场上的运作。

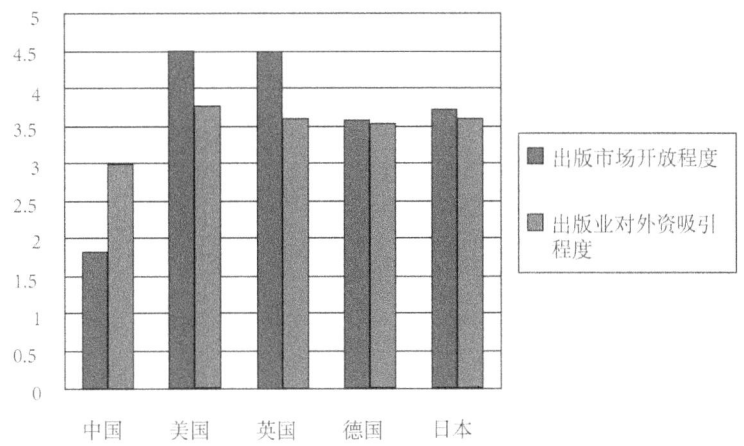

图 5-8 关键指标（出版市场开放程度、出版业对外资吸引程度）比较（2003年）

从知识资源（人文发展指数：0.726，出版资源开发利用程度：2.48）来看，如图 5-9 所示，中国的人文发展指数和出版资源开发利用程度都比较低。这也说明，要发展中国学术图书出版产业，需要引导和提高中国国民的人文素质，加大出版资源的合理开发和利用。

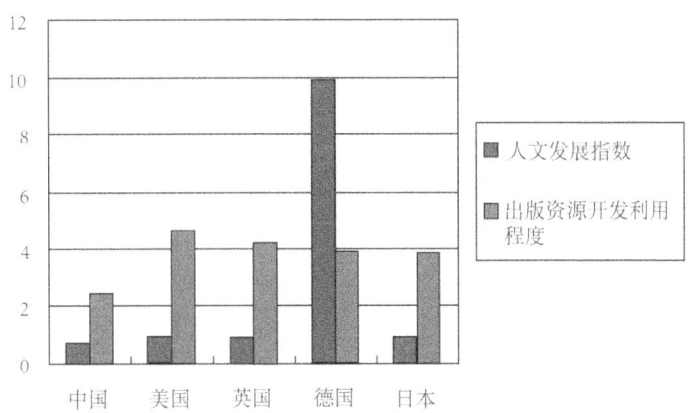

图 5-9 关键指标（人文发展指数、出版资源开发利用程度）比较（2003年）

从人均GDP、人均GDP增长率、1993—2002年经济增长率和图书读者的成熟度等需求状况来看,如图5-10、图5-11所示,中国人均GDP比较低,但人均GDP增长、经济增长趋势明显,图书阅读率及市场受众的成熟度与国外出版市场还有一定差距。但总体来说,随着中国重视科技创新,学术图书读者将逐年趋于理性和成熟。从城镇居民文化娱乐支出比重(13%,相对较高)来看,中国学术图书出版的潜在消费支出水平还是比较乐观的。

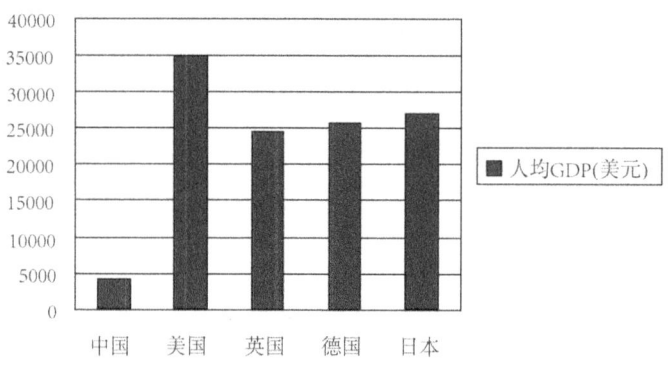

图5-10 关键指标(人均GDP)比较(2002年)

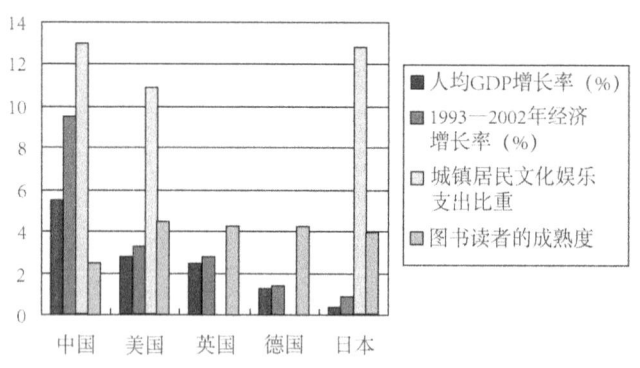

图5-11 关键指标[人均GDP增长率(%)、1993—2002年经济增长率(%)、城镇居民文化娱乐支出比重、图书读者的成熟度]比较

从企业的规模结构和竞争方式关键指标(出版社的产业化程度;

3.35，出版社的管理水平：2.11，落后于其他发达国家）来看，包括学术图书出版企业在内的中国出版产业集中度比较低，管理水平相对落后。国家行为与企业管理竞争力指标（出版产业政策的科学性：2.10；国家知识产权保护度：1.96；出版业法律法规完善度：2.14，远远落后于美国、英国、德国、日本）也显示了包括学术图书出版产业在内的中国出版产业总体市场化程度不高，出版业法律法规不够完善，如图5-12所示。

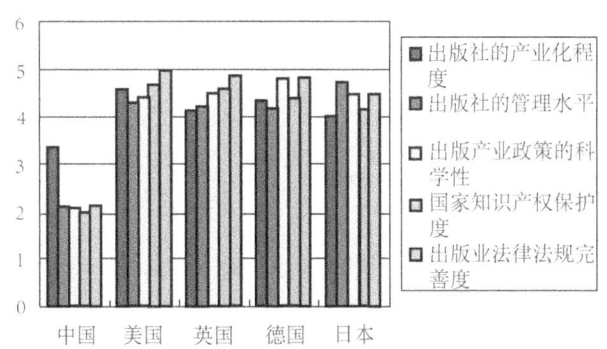

图5-12 关键指标（出版社的产业化程度、出版社的管理水平、出版产业政策的科学性、国家知识产权保护度、出版业法律法规完善度）比较（2003年）

国际市场拓展竞争力指标（图书出口占消费收入比重为0.26%），则突出显示了当前学术图书出版引进多于原创的一大困境，因为本土的、原创的、一流的学术图书太少。

关于学术图书出版的相关产业，按照出版业界的划分，笔者认为在这里指教育图书出版和大众图书出版比较合适。原国家新闻出版总署副署长邬书林（现任中国出版协会第七届理事会理事长）曾多次指出，与美国等出版强国相比，中国出版业的市场结构不合理，突出表现在中国出版业的产值和利润过分倚重教育出版。大众出版市场经过多年发展也已形成一定的市场规模。但是，与此同时，包括学术图书出版产业在内的中国专业出版市场份额尚不足 10%。更值得指出的是，与教育图书出版产业和大众图书出版产业相比，学术图书出版因为读者群相对"小众"，学术出版物不会像通常意义上的教育图书出版和大众图书出版那样能在很短时间内给出版企业带来巨大经济效益，受经济杠杆的制约，出版企业不重视学术图书出版，在这个领域，需要提高营销水平，更新和改进盈利模式。

让我们再来梳理下中、美、日、德、英五国 2015—2019 年的出版发展相关数据和趋势，帮助中国学术图书出版产业找到战略规划中的重点。

以 2019 年的数据为参照，美国 GDP 总值为 21.43 万亿美元，国民生产总值位于全球第一。中国 GDP 总值 99 万亿元人民币（约 14.4464 万亿美元，按人民币对美元汇率 6.86 人民币：1 美元计算），国民生产总值位于全球第二。日本为 561.27 万亿日元（约合 5.16 万亿美元，按 2019 年汇率 1 日元＝0.0092 美元计算），国民生产总值位于全球第三。德国为 3.44 万亿欧元（约合 3.85 万亿美元，按 2019 年汇率 1 欧元＝1.1202 美元计算），国民生产总值位于全球第四。英国为 2.17 万亿英镑（约合 2.77 万亿美元，按 2019 年汇率 1 英镑＝1.2781 美元计算），国民生产总值位于全球第五。

从出版业的规模和比重看，以 2019 年的数据为参照，美国出版业年收入 259.30 亿美元，占 GDP 比重 0.1207%；日本出版业（包括图书及杂志收入）总收入 1.54 万亿日元（约合 141.97 亿美元），占 GDP 比重 0.2749%；德国出版业总收入 92.91 亿欧元（约合 104.08 亿美元），占 GDP 比重 0.2701%，英国（包括图书及期刊收入）总收入 63 亿英镑（约合 80.52 亿美元），占 GDP 比重 0.2851%。美、日、德、英四国位次保持不变。值得注意的是，美、日、德、英四国中，日、德、英三国出版业总收入占 GDP 比重均超过了 0.27%，美国出版业年收入占 GDP 的比重均在

0.12%左右。

从各国出版业的发展态势看,美国2016—2019年出版业年收入的平均增幅为-1.69%,日本为-1.94%,德国为0.29%,英国为9.34%。在英国国内市场日趋饱和的情况下,拓展出版物出口业务成为英国实现高速度增长的法宝。如果英国出版业保持目前的增速,将在几年内赶超德国,成为全球出版业第三大市场。

美、日、德、英四国出版产业发展近年来呈现出以下发展态势。

(1)德国以高质量出版实现稳增长

从出版数量看,美国每年出版图书31万余种(据Bowker统计,2010年数据),英国每年出版图书18.4万种(国际出版商协会统计,2013年数据),德国每年出版图书7万余种。值得一提的是,德国出版业近几年更注重图书质量,出版社新书品种在逐年缩减。据德国书商及出版商协会的统计,德国新书总品种数从2016年的7.2820万种降至2019年的7.0395万种,同比降幅为3.33%,比2015年的7.6547万种减少了8.04%。德国书业通过出精品图书、吸引新读者购买和阅读、小幅提高图书定价、强化书业营销等办法,稳住了图书市场。

(2)数字化水平逐步提高,纸书仍为中流砥柱

2019年,美国的大众图书市场上数字化图书的收入占比增至20%。德国大众图书市场数字化程度逐年提升,数字化收入占比从2016年的18.2%增至20%,与2015年的17.4%相比,增幅为14.9%。日本电子书收入呈直线上升态势,从2016年的1909亿日元一直增至2019年的3072亿日元,在出版业的占比也从2016年的11.49%逐年递增至2019年的19.91%。

(3)出版业加快线上布局

从图书销售渠道看,线上方式以其便捷性和高效性显示出更强大的活

力。美国市场上，从2017年开始，出版社线上销售收入首次超过线下销售收入，之后线上的优势越来越明显。亚马逊在图书零售市场的地位如日中天：2017年，亚马逊在美国电子书市场的占比为83%，在纸书市场的份额2016年已增至41.7%，而且每年以两位数的速度增长。电子书、数字有声书的出版也推动各国出版机构加快布局数字产品开发及线上渠道的开拓。

在德国，实体书店仍处于市场主导地位，2019年实体书店在整个市场份额中占46.2%，仍是最大的图书销售渠道，但其占比一直在下滑。

(4) 市场份额向大社集中

从产业集中度看，日本共有3000多家出版社，其中年销售额在100亿日元以上的出版社有30家（约占出版社总数的1%），其销售额占了日本出版业总销售额的44.9%，销售额在10亿~100亿日元的出版社（占出版社总数的6.8%），其销售额占了出版业总销售额的37.1%。两者相加，共有7.8%的出版社贡献了82%的销售额。德国的集中度更高，2019年统计显示，德国的3000家出版社中，收入超过5000万欧元的出版社有21家，这21家创造的收入占德国总收入的70.5%。

英美大社的集中度更高，2019年年底，美国五大社的市场份额高达80.2%（不考虑亚马逊的市场份额）；2015年，英国五大社的市场份额达50.8%，前十大社的市场占比达59.8%。但是中型出版商在英国市场的份额在逐年增长，2017年独立出版商联盟的市场收入增长30%，增幅高于三大社，为英国书业高速发展提供动力。

(5) 大社垄断畅销书榜单

企鹅兰登在市场的霸主地位无人撼动，2017年该社有14种图书登上了TOP20榜单（按收入计算）。44种收入过百万英镑的书中，有一半出自企鹅兰登。畅销书被大社垄断的现象日益凸显。

美国也是如此,甚至愈演愈烈。2019年,在《出版商周刊》的精装书畅销榜中,92.5%的畅销书来自五大出版集团,这个比例比2018年增长了5个百分点。平装畅销书也是如此。2019年,《出版商周刊》平装书畅销榜上83.7%的书来自五大出版集团(2018年为84.1%)。

(6)德日版权贸易成果日益突出

版权贸易方面,日本的版贸收入逐年增加,从2016年的360亿日元增至2018年的689亿日元,增幅达91.4%。出版物出口引进比例从2016年的56.50%增至2019年的67.11%。英国的版权输出及合作出版业务也为出版业带来4.07亿英镑的收入。德国图书版权贸易顺差在逐渐加大,从2016年的输出引进比73.97%增至2019年的79.03%。[①]

接下来,我们来看看中国的图书出版业从2015年至2019年产业发展情况。总体来说,中国出版业的产业规模持续扩大,实现营业收入(含数字出版)从2.17万亿元,增至2.87万亿元,5年间持续递增(见图5-13)。出版业营业收入占当年国内生产总值(GDP)的比重稳居3%左右。

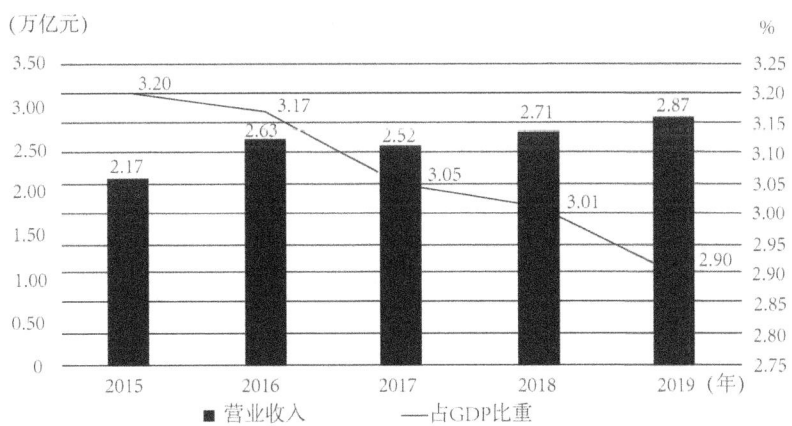

图5-13 2015—2019年中国出版业营业收入及占中国GDP比重

---

① 美国、日本、德国、英国近5年出版市场数据报告来了[N]. 中国出版传媒商报, 2021-04-08.

5年间,中国的出版业营业收入的年增速分别为8.46%、8.96%、6.76%、7.58%和5.89%。与同年GDP增速基本同步,如图5-14所示。

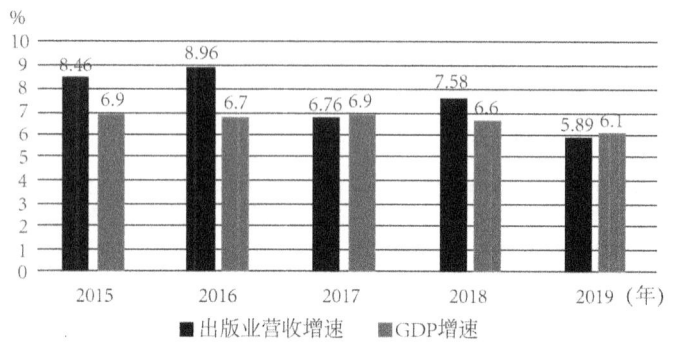

图5-14 2015—2019年中国出版业营收增速与中国GDP增速比较

互联网阅读、移动阅读和数字出版对纸介质出版的冲击,导致纸介质出版规模的下降。已有统计数据显示,目前,中国的图书、报纸、期刊三类纸介质出版物的出版总印张持续下降,呈递减状(见图5-15)。

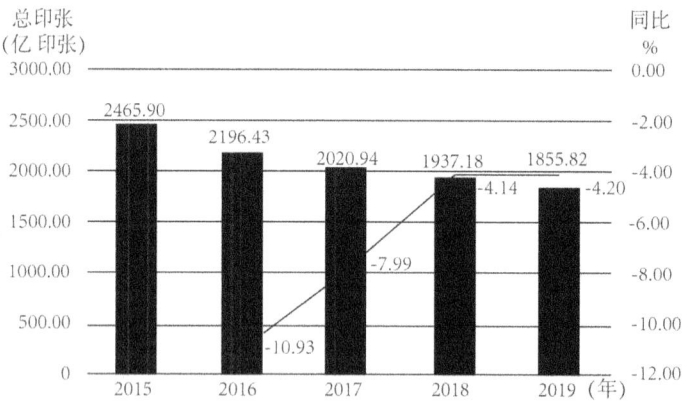

图5-15 2015—2019年中国纸介质出版规模

虽然纸介质出版的总印张(耗材)下降,但纸介质出版的营业收入并没有下降(见图5-16)。

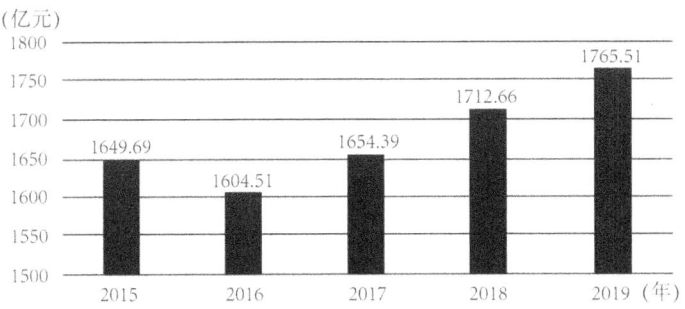

图 5-16　2015—2019 年中国纸介质出版营业收入

纸介质出版是传统出版，互联网阅读、移动阅读和数字出版对传统出版的冲击主要作用于短媒（报纸）和中媒（期刊），而对长媒（图书）并未造成实质性影响，尚不足以导致其出版规模的下降。纵观 2015 年到 2019 年，中国图书出版产业发展有一明显特征：总印数、再版重印率双递增，如图 5-17 所示。图书出版这 5 年的发展轨迹是：新书、再版重印书品种均增——新书品种下降、出版总品种增长——新书品种下降、出版总品种下降，这一轨迹凸显了图书出版的"两高"：成熟度更高，产业效率更高。①

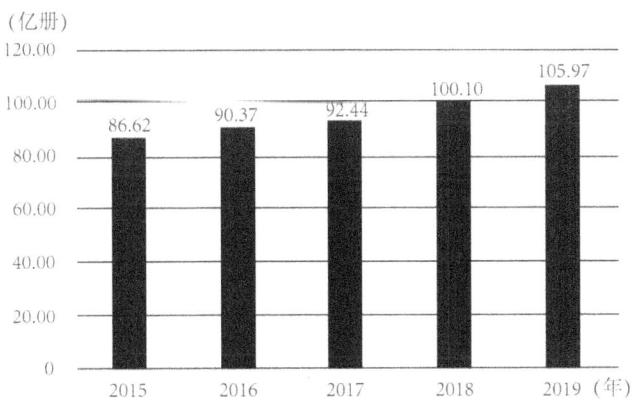

图 5-17　2015—2019 年中国图书出版总印数

---

① "十三五"收官在即，出版业收成如何？用数据说话 [N]. 中国出版传媒商报，2020-12-30.

中国图书出版产业实现的总印数、再版重印率双递增，既提高了图书出版的单品平均印数，又优化了图书出版的产品结构，实现了产业效率和受众供给的两个提升，凸显了中国图书出版产业走上了高质量发展的道路。这也预示着中国的学术图书产业要紧跟中国出版产业总体战略调整，进一步优化产品结构，寻找高质量发展，社会效益和经济效益双丰收的精品发展策略。

5.3 中国学术图书出版产业竞争能力分析

前面的分析表明，目前，中国的学术图书出版产业与行业内其他出版产业，以及国外学术出版产业相比，竞争劣势明显。但是，正如前面分析的那样，学术图书出版产业竞争的相对劣势主要在于，学术图书出版产业发展中自身存在的问题，以及学术图书专业性强，面向"小众"，其市场化程度远落后于其他国家及中国其他图书出版产业，没有进入成熟阶段。不过随着政府和出版企业逐步重视学术图书的出版工作，同时，面对中国学术图书出版受众规模的逐年递增，以及学术图书出版产业自身的发展策略和战略上的调整，中国学术图书出版将表现出强势的增长势头，并有无限巨大的发展潜力。

5.3.1 优劣势分析

表5-6从整体上概括和分析了学术图书出版产业的优势和劣势，并揭示了中国学术图书出版产业的实力现状。

表 5-6 中国学术图书出版产业优/劣势分析

行业关键成功因素	学术图书出版产业的资源和能力			
	优势	如何保持和利用	劣势	如何减弱和转化
产业基本状况	·进入学术图书出版领域门槛较高,竞争不如其他图书产业激烈; ·学术图书出版受众群相对固定; ·学术图书出版能力增长迅速,同时可供增长的空间大	·学术图书出版企业尽快形成自己的出版特色,做强做大; ·增强与受众的交流,推出特色产品,培养受众忠诚度; ·优化选题结构,实施精品战略,进一步增强企业的学术图书出版能力	·学术图书销售收入占总收入比重过大; ·图书产品品质、结构存在缺陷,产品价格偏高; ·营销专业化程度较低,营销力度不够; ·出版界与学术界联系不紧密,出版选题策划核心能力弱	·在学术图书出版领域探讨多元化经营; ·多从受众需求角度考虑,进一步优化学术图书产品; ·运用灵活的学术图书产品定价策略; ·加大学术图书营销投入力度,采取针对性强的专业营销模式,塑造中国学术图书出版的良好形象,为长远的发展打下基础; ·加强与学术界的联系,开发优质学术图书出版资源

续表

行业关键成功因素		学术图书出版产业的资源和能力			
		优势	如何保持和利用	劣势	如何减弱和转化
生产要素	人力资源	·高等院校扩招，增加了学术图书受众群底盘； ·创造、经营人才整体素质逐年提高	·提升内容质量、服务质量，从开拓受众市场出发，大力开拓学术图书出版业务； ·通过事业心、团队精神和企业文化等吸引优秀创造、经营人才，获得学术图书出版长久的发展动力	·受众规模与其他图书出版产业相比较小； ·高水平的学术图书编辑缺乏	·积极实践推出将小众和大众结合起来的学术图书产品，例如，"图解"类学术图书产品； ·招聘有经验的学术图书出版人才，同时，加大学术图书编辑的培养力度
	金融资源	·学术图书出版物市场开发程度加大	·加大对相关图书市场的创新和研究，从受众需求角度多挖掘市场机会	·学术图书出版业对外资吸引程度相对发达国家低	·学术图书出版企业加强资本运作能力，采取多种途径与外资融合，增强资本实力

续表

行业关键成功因素		学术图书出版产业的资源和能力			
		优势	如何保持和利用	劣势	如何减弱和转化
生产要素	知识资源	·国家在逐年加大对科学研究经费的投入,重视科技创新	·密切关注中国科技发展动态,精选学术图书作者,及时推出优质学术图书产品,从科技创新中挖掘市场成长机会	·出版资源开发程度较低	·注重对学术图书内容的及时更新和修订,提高出版资源再生能力; ·注重对部分经典产品配套图书系列化,提升优质出版资源利用率
需求状况	需求结构	·经济增长,带动人均收入增长	·在同样满足受众学术知识需求的基础上,适当提高定价	·人均购书册数和金额明显低于发达国家,现有购买能力有限	·继续努力培养自己的受众市场,用自己独特的内容吸引更多受众的关注和购买
	消费者行为	·学术图书受众日趋理性和成熟	·找准目标受众,生产和传递自己的目标受众需要的产品及出版信息	·消费者需求多样化,对品质要求增高,变化频率加快	·紧跟最新研究成果,在出版品种、品质和速度上,满足受众需求

续表

行业关键成功因素	学术图书出版产业的资源和能力			
	优势	如何保持和利用	劣势	如何减弱和转化
相关产业状况	·印刷产业的促进程度较高	·利用中国印刷产业较发达,以及印刷成本较低等优势,优化学术图书的外在形式; ·利用学术图书产品印刷成本优势,探索与国外学术出版集团的深层次、同步出版合作	·教育出版产业利润率下降,部分企业"以书养书"学术图书出版机制难以维系	·在学术图书出版的运行中尽快形成既能出版好书,又能赚到钱的良性机制
企业的规模和竞争方式	·一大批学术图书出版企业出版实力增强; ·学术图书出版企业市场运作能力增强	·推动学术图书出版企业培育独特的竞争优势,保持良好的增长态势; ·有计划地扩大出版规模,在大规模、高起点上积累更强的竞争实力	·同构性产业部局,导致学术图书出版资源的浪费; ·产业化程度低,企业管理水平相对发达国家落后	·国家促进中国学术图书出版产业化和集团化进程加快; ·学习国外及其他行业优秀企业管理经验,提高管理水平

续表

行业关键成功因素	学术图书出版产业的资源和能力			
	优势	如何保持和利用	劣势	如何减弱和转化
国家行为与企业管理	·国家对学术图书产业的宏观税收优惠等相关政策支持； ·学术图书出版基金的设立	·利用当前鼓励发展的良好政策环境，促进更多有竞争实力的学术图书出版企业在市场竞争中成长 ·促进经典学术图书作品的开发，培育学术图书出版企业的特色产品线	·行政性垄断保护，沿用计划经济下直接管理企业的管理方式	·推动和促进中国出版管理政策的科学化，为学术图书出版创造健康的发展环境
国际市场拓展	·版权引进活跃，版权贸易有一定经验积累	·精选优质国外学术出版资源，在版权引进的同时，注重本土优秀学术图书产品的开发； ·注重创新中国学术图书版权贸易的合作形式，例如，全球组稿、全球销售，以及其他环节的多方位合作	·具有全球影响的、本土的、一流的学术图书太少； ·版权引进和输出不均衡	·精选学术图书作者，支持作者对优秀学术图书的创作，注重优秀本土学术产品开发； ·有潜力的学术图书选题立足全球策划，积极探索版权贸易"走出去"，为中国学术图书出版在国际学术出版市场更大发展做准备

5.3.2 存在的机会与威胁

面对学术图书出版受众规模的增长，以及科教兴国等发展契机，学术图书出版产业蕴藏着发展良机和市场增长潜力。与此同时，中国教材出版改革影响了出版产业利润，越来越多的出版企业开始关注学术图书出版市场，竞争日趋激烈，见表5-7。

表5-7 中国学术图书出版行业存在的机会与威胁

行业中的机会	可以采取的行动	行业中的威胁	可以采取的策略
·科教兴国带来发展契机	·寻求学术图书出版资源及出版资金等多方面的突破点，占领和补充自身缺乏的战略资源	·浮躁的社会心态，不利于学术图书出版的创作，跟风出版现象严重	·坚持精品战略，在力所能及的范围内尽量影响学术图书作者，使其严肃对待学术图书的创作
·中国普通高等学校师生数逐年提高，学术图书出版市场还在不断发展和扩大，未来还有成长空间	·利用当前学术图书出版产业发展的有利时机，在高起点上推出更多学术图书精品，满足潜在受众群体的多样化需求，提高学术图书的销售量	·国外竞争者携带巨大的资本、技术和管理优势进入中国学术图书出版市场	·谨慎、积极地开展合作，利用外资的同时，学习对方的技术经验

续表

行业中的机会	可以采取的行动	行业中的威胁	可以采取的策略
·高校图书馆购书经费增长,扩大了学术图书市场需求量	·积极拓宽图书馆直销渠道,提高学术图书销售额	·出版产业泡沫化,国人阅读率持续走低	·国家和行业倡导全民阅读,培育受众群体
·电子出版、按需印刷技术、基于网络的书内搜索技术的出现	·大力丰富学术图书电子出版、网络出版、网上销售相关内容,找准切入点,加快学术图书出版业线上布局,积极开发相应的学术图书出版和销售模式,提高学术图书出版中的数字化图书营收水平	·学术图书出版行业资金周转压力	·尽快培育学术图书出版的盈利能力,克服资金周转压力; ·开展更宽广的学术融资渠道,积极为学术图书出版造血

5.3.3 竞争态势分析

综合前面的行业关键成功因素分析、学术图书出版产业的优/劣势分析、中国学术图书出版产业中存在的机会与威胁分析,它们共同构筑了中国学术图书出版产业在当前出版产业中的生存环境与发展实力,而这两者的鲜活互动,共同塑造了中国学术图书出版既充满机遇又挑战重重的现在与未来。

表 5-8 是以 SWOT 方法为框架,勾勒出中国学术图书出版产业所面临的竞争态势。

表 5-8　中国学术图书出版产业竞争态势分析

内部资源能力 \ 外部环境力量		机会（O） ·科教兴国带来发展契机； ·潜在受众群体规模逐年增长； ·潜在受众群体规模逐年增长； ·电子出版、按需印刷技术、基于网络的书内搜索技术的出现	威胁（T） ·浮躁的社会心态； ·国外出版集团进军中国学术图书出版市场，带来巨大压力； ·出版产业泡沫化，国人阅读率持续走低； ·行业资金周转压力； ·出版壁垒打破的同时，政策保护也会减弱
	可选择的对策	SO 策略	ST 策略
优势 S	·受众群相对固定； ·生产要素中人力资源、金融资源、知识资源市场成长速度和空间很大； ·人均收入增长，受众需求日趋理性和成熟； ·印刷产业促进程度较高	·借助税收优惠和设立学术出版基金等优势，在科教兴国战略下，快速做强实力； ·借助生产要素的成长和印刷产业促进程度较高等优势，整个学术图书出版业界齐心合力，丰富产品内容，提高产品内外在品质，借助市场运作，满足受众的多方面需求	·加强自我管理约束，积极创新，培育受众群体，创造有利于自己健康发展的社会和市场环境； ·积极与外资展开合作，学习对方的先进经验，努力达到国际竞争水平； ·继续保持学术图书出版企业出版能力的增长，在学术图书出版的运行中尽快形成既能出版好书又能赚到钱的良性机制

续表

		WO策略	WT策略
优势 S	·学术图书出版企业出版能力增强同时,市场运作能力增长明显; ·税收优惠、学术出版基金设立等带来的发展优势	·关注新增长的潜在受众群体需求,着眼未来,积极探索学术图书电子出版、基于按需印刷技术的学术图书按需出版、基于网络书内搜索技术的网上学术图书销售新业务市场	—
劣势 W	·学术图书销售收入占总产业收入比重过大; ·受众规模相对较小,高水平学术编辑缺乏,营销专业化程度低; ·对外资吸引程度低,学术出版资源开发程度低; ·学术图书出版本身还不能满足受众需求变化性和需求变化频率	·针对特色产品,积极开拓学术图书衍生产品市场,开发针对受众不同需求的衍生产品和新业务,例如,相关学术信息数据库销售、按需出版等业务; ·积极向其他图书出版业或其他行业学习,逐渐提高专业化营销能力,全方位地满足日益增长的市场需求,减少无效供给; ·跟踪科技发展动态,明确定位,合理开发和利用出版资源,关注受众需求,创办有特色的学术图书出版企业	·利用目前的出版壁垒保护,在与外国出版集团的合作、合资中,学习经验为主,抓紧机会增强竞争实力; ·利用受众群相对固定的优势,培育受众忠诚度。学习其他图书出版业大众产品的开发思路,探索由"小众"产品衍生出大众产品; ·要与其他图书出版行业、与外国出版集团争夺优秀的编辑出版、经营人才

续表

劣势 W	・学术图书产业的发展受限于产业结构性障碍、发展动力不足、市场环境问题、管理水平落后等基本因素； ・引进多于原创，本土优秀学术图书产品太少，版权引进和输出不均衡	・利用科教兴国契机，开发优秀的本土学术图书产品，多方位实践版权输出	—

总之，中国学术图书出版产业和其他图书出版产业，以及国外学术图书出版产业之间，竞争和合作都是未来发展的主要趋势。中国学术图书出版产业要在出版人才建设、资金运作，以及图书内容和影响力上，努力增强自身实力，积极研究和探索学术图书出版的发展策略，促进中国学术图书出版产业的繁荣。

第6章　中外学术出版产业发展现状比较分析

下面，笔者试图从美国、英国、日本这三大典型的全球学术图书出版业发达的国家，分析其整体学术出版业发展现状及发展特征，以此反观中国学术图书出版业发展现状，进而寻求对中国学术图书出版发展可以借鉴的实践经验。

6.1　美国学术出版产业发展现状

美国的学术图书出版业在全球图书市场中具有重要且领先的市场地位。美国的学术图书出版依托拥有众多学者的庞大的产品销售市场，发达的现代创新技术带来的非常丰富的正式出版内容资源，同时，通过长期的纯市场化整体运作，已经达到了高度发展的阶段。

据《中国出版传媒商报》提供的数据，美国学术图书销售在全球图书市场中占比巨大。2019年度，美国出版商协会所做的StatShot年度报告统计年收入259.30亿美元，其中，专业图书（学术图书）销售额就达到20.8亿美元。调查美国目前的学术图书出版情况，可以发现以下三个明显的特征。

6.1.1 产业高度集中

纵观美国的学术图书市场，国家只在宏观调控上施以经济和法律措施，各出版企业都是私人企业或者股份制企业，处在一个完全开放的市场经济和竞争环境中，依据效率原则，通过价格机制、风险机制、竞争机制的作用，促成专业分工，在竞争和协作中形成了一个高度集中的市场。

美国的学术出版是在学术图书出版社不断兼并、融合的过程中发展而来的。1999年，在美国的科学、技术和医学类学术图书市场上，三家出版集团占有了90%的市场份额。2019年年底，美国五大社市场份额高达80.2%（不考虑亚马逊的市场份额）。高度集中的学术图书出版产业，使生存下来的学术出版集团业务范围更加专业化，目标定位范围更狭窄，在全球图书市场竞争中更具学术优势，加强了专业垄断性。

正如本书第3章陈述的，在产业经济学中，"四企业集中率"是衡量一个产业的集中化程度的指标，即如果最大的四个企业的市场份额之和大于60%，则说明此产业属于集中型产业。美国的学术出版市场集中率远高于这一数字。市场的高度集中使美国的学术图书出版市场呈现高水平的良性循环态势。

6.1.2 市场深度细分

在美国，要想在完善的竞争机制和激烈的市场竞争中立足，巩固自己的市场地位，靠兼并壮大的大型出版集团开始进入盘整阶段，细分学术图书市场，开展定位更狭窄、专业性更强的业务。活跃在学术出版领域中的大多数出版社，更是奉"专业立社"为生存秘籍，市场深度细分，参见表6-1。

表 6-1 美国"专业立社"出版社代表

出版社	发展情况
查尔斯河媒体出版	只专注于计算机图书出版中一个很小的门类——计算机制图图书,销售额年增长一度达到100%,增长速度惊人,取得了很好的收益
国家学院出版社	只出版和国家学院有关的科技卫生方面的学术图书,与同期美国一般图书销售额下降相比,销售额增长速度惊人

美国出版社对学术图书市场的深度细分,不仅能够进一步优化学术图书营销,更能进一步明确学术图书的目标读者,促使出版经营更有效。在某一细分领域培育的学术图书品牌优势的美国出版社,能够占据行业优势,在领域中拥有更权威的发言权,从而能够更好地扩大和延伸出版物的服务功能。例如,交通类出版社可以出版各种专业用途的地图册,并延伸配合出版各种旅游系列文创产品,拓展交通文化等。

因为市场的深度细分,学术图书出版社可以集中精力,深入开发产品。在内容上,做深做透;在形式上,契合不同层次、不同购买力、不同年龄,甚至不同兴趣读者的需要开发不同的学术图书产品;在图书风格上,可以利用优势学术创作资源,开发增添趣味性的学术图书,普及学术思想和文化。例如,约翰·赫尔的《期权·期货与衍生产品》,1997年到2021年修订再版10次;美国资深病理学家刘易斯·托马斯的学术作品形容炎症"就像生物学意义上的一次意外事故,救护车、警车、拖车、救火车、卡车等撞在一起",具有了较强的亲和力和可读性。

6.1.3 销售针对性强

美国的学术图书企业销售的显著特点是针对性较强。

近年来,美国学术图书市场已经形成了独立于大众图书之外的销售模式,依靠学术渠道销售学术图书。

(1)直销。美国的学术图书出版社很重视建立读者数据库,并重视在读者数据库的基础上建立直销渠道。学术图书出版社根据读者数据库进行市场调查,分析读者需求,以合适的方式与读者取得联系,如发 E-mail、打电话、邮寄和登门推销等。

目前,邮寄是美国学术图书销售的主要方式之一,有出版社→读者、出版社→图书代理商→读者两种渠道,使用最多和最有效的方式是邮寄直销(出版社→读者),营业额约占学术图书总营业额的 20%。在这个过程中,值得一提的是书票,书票设计得与新书护封或封面一样,包括书名、定价、作者、书号等信息。

针对购买数量可能较大的目标市场,比如学校、图书馆等,因为面对面的交流更容易促成销售,登门直销的方式更便于建立进一步的业务联系。以用于教科书的学术图书为例,由于教师的特殊作用,学术出版企业常常派出销售代表与他们频频接触,推荐出版企业的学术图书产品。

直销是针对性最强的一条销售渠道,随着通信科技的发展和营销技术的改进,网上直销等越来越受到美国学术出版企业的重视。

(2)学术书店。美国的图书零售网点星罗棋布,但学术图书基本不依靠零售网点,而是依托各类学术书店销售。学术书店和美国的中小出版企业一样,也找准了"特色生存"这一法宝,将自己经营的图书限制在狭小的范围里,以增加进货、销售的针对性,吸引领域内的学术图书读者。

学术书店集中精力朝一个方向发展,专而不大,例如,医学书店、科技书店、建筑书店等。甚至更进一步细分到让人吃惊的地步,比如,纽约著名的"三生书店"(Three Lives & Co)专门销售艺术及烹饪方面的图书,美国洛杉矶的"异光书店"专门经营精神变态类研究图书,等等。

(3) 批发商。在整个美国出版市场上，批发环节处于高度集中状态。对于学术出版领域来说，也不例外。例如，在医学图书市场，就由三家大批发商占据绝大多数的市场份额。它们从将学术图书分门别类编成目录，向各种学术书店、学术机构、图书馆、学术俱乐部和读者销售。广泛的销售网络、雄厚的资金、专业的销售人员和规模化经营所带来的优势，使它们的促销和销售活动更有效，更有针对性。在售后服务方面，也做得更到位，深受读者欢迎。

学术图书的主要流向渠道之一是大学和公共图书馆。由十几个图书馆供应商制定的"图书馆认可方案"，为图书馆购进新书提供了方便，也为美国学术图书出版业开辟了一条特殊的市场销售途径。

美国还有各种各样的图书俱乐部，像工程师俱乐部、计算机和信息科学俱乐部、护士图书学会等，这也成为学术图书销售的渠道之一。

总之，无论哪一种销售渠道，都体现了美国学术图书销售有别于一般图书销售的、针对性强的鲜明特点。[①]

6.1.4 出版社寻求出版物资助

在学术图书出版的大趋势下，我们应该关注美国学术出版社从公共或私人来源寻求出版资金的现状。从私人基金会申请资金的方法已被纳入管理科学。在美国，为学术出版企业工作的员工都有一份《基金申请指南》，或《怎样获准政府资助手册》资助申请指南，或一本关于如何获得政府资助的手册（这是由维·G. 鲍尔撰写，由美国教育委员会和麦克米兰公司联合出版的）。寻求出版资助为学术出版企业的日常生产运营提供了资金和发展支持。

学术出版企业、作者和研究机构之间的新伙伴关系为创新合作提供了

---

① 于春生. 美国专业出版的三大特征 [J]. 出版广角，2003 (9).

巨大的机会，并且加深了学术出版企业和原作者之间的关系。例如，出版企业和作者的合作性质可能需要重新被解释，因为作者和作者所在的研究机构有可能有排版和其他生产能力，这就涉及学术出版物的出版和利润的再分配。这也揭示了商业和科研之间的一种新的渗透关系。作者对出版成本的分担表明，学术出版企业、作者和研究机构之间存在的是契约关系。[①]

6.2　英国学术出版产业发展现状

英国出版产业非常成熟，拥有超过 2400 家出版社。英国是众所周知的世界出版强国。近年来，英国出版产业不仅保持稳定，还表现出优异的增长性。

根据英国出版商协会（PA）发布的《2020 年英国出版业报告》(*Publishing in* 2020)，我们了解到，2020 年，英国出版企业在图书、期刊和版权销售方面的销售额高达 64 亿英镑，比上一年增长 2%。其中，英国本土销售额为 25 亿英镑；对外出口销售额高达 37 亿英镑。大众出版、教育出版、学术出版等出版领域，销售额均有所增长。[②]

英国的学术图书运作之所以如此成功，可以归功于以下原因。

6.2.1　小型出版公司彰显特色，大型出版社实力雄厚

英国有近 30 家学术团体和大中型出版社参与学术图书的出版，其中，超过 50% 的学术图书市场份额被六家出版社拥有。它们分别是培生公司、

---

① 沈虹. 美国学术出版现状 [J]. 中国出版，2021.12 (22)：103-105.
② 国际出版业数据报告——英国出版市场：出版商销售额达到 64 亿英镑，同比增长 2%. 国际出版周报 [EB/OL]．https：//xw.qq.com/cmsid/20211111A0CBE800.

里德·埃尔塞维尔公司（英荷合资）、泰勒和弗朗西斯（出版）集团、布莱克韦尔出版公司、牛津大学出版社和剑桥大学出版社。这六家公司经营方向如表6-2所示。

表6-2 英国六家大型学术出版社经营方向

出版社	经营方向
培生公司	以出版教育类图书著称，在学术图书出版中以法律类专业图书为主
里德·埃尔塞维尔公司（英荷合资）	学术性出版社，是世界著名出版企业和信息服务商，也是全球最大的学术图书出版企业。出版主要集中在生物和医学类的学术图书，以及科技词典的出版上
泰勒和弗朗西斯（出版）集团	一直致力于出版高质量的学术著作，在过去20年中发展成著名的国际学术出版商。目前，旗下有700多种期刊
布莱克韦尔出版公司	全球三大学术出版社之一，在医学、护理学、生态学、社会科学、经济学、数学和计量学等领域非常权威
牛津大学出版社	综合性出版社，出版物涉猎广泛，包括各个学术领域的著作、教科书、工具书、词典、英语教学专书、期刊等
剑桥大学出版社	综合性出版社，擅长学术图书出版，每年有2000多种印刷版和电子版出版物面世，是世界上最大的教育和学术出版企业之一。剑桥大学出版社出版223种学术期刊，出版领域涉及自然科学、人文社会科学及医学各个学科

在英国，大约有50%的小型学术出版企业，其运作机制非常灵活。这些小型出版企业在学术出版领域以特色化和专业化立足。例如，牛津狮子出版社（Oxford Lion Publishing）就只出版基督教方面的图书；BIOS科学出版有限公司，是生物和医药类的特色学术出版社，出版物主要集中于遗传学、麻醉学、植物科学和分子生物学等学科领域，等等。

6.2.2 学术出版主体资源国际化

在英国,涉及学术图书出版的出版社大多是从选题策划开始瞄准国际市场运作的,以国际化出版资源作为学术出版的主题,具体详见表 6-3。

表 6-3 英国学术出版主体资源国际化优势及范例

优势	范例
英国出版业几百年来发展的综合实力	以英国的剑桥大学出版社为例,它一方面依托剑桥大学的学术力量,更重要的是依靠其国际化的作者队伍,目前拥有来自 108 个国家的 24000 位作者,其中,来自澳大利亚 1300 多位,美国 8000 多位,俄罗斯、日本、南非、西班牙、以色列等各 100 多位。其他几个出版社的作者国际化程度也很高,像培生和埃尔塞维尔这些跨国公司名义上所有权属于英国,事实上大部分业务领域都设在北美,目标市场则是在全世界
长期在科学和技术领域交流的领先地位	
英国政府对图书贸易的财政支持和出口补贴政策	
英语已成为学术界和科学领域交流的主流语言	
英国狭小的国内市场的局限	
学术图书出版受众的文化层次较高,这为其国际化生产和传播提供了便利的条件	

6.2.3 全方位的学术图书市场销售网络

在英国,学术图书销售中近一半的学术图书,是通过越来越多的直销渠道走向市场;另一半则是通过零售渠道售出的,主要是专业学术书店和主要的连锁店。

英国直销渠道的开展依赖于英国的学术图书出版企业多年来积累的强大的客户数据库。例如,布莱克韦尔出版公司收集超过 50 万现有和潜在客户的读者阅读书目的相关信息,分类管理,进行邮寄学术图书产品出版信息等直销活动。① 另外，学术出版企业将学术图书的分类目录发送到学术机构、图书馆和其他大型客户，充分利用专业类图书分销商或学术组织的数据库进行邮寄或征订。

总而言之，英国的学术图书企业在学术图书销售中，充分利用各种有针对性的销售渠道扩大学术图书的销售。除了上面提到的重视高命中率促销邮件外，还特别重视学术会议上的销售和参加相关展览，充分利用网络拓展远程市场，及时在有关主题的专业网站和出版社的网站公布相关图书信息，确保起到学术图书宣传和网上售书的作用。注重与网上书店的合作，确保书店拥有图书最新资料。利用出版社网站进行宣传。例如，埃尔塞维尔公司在网上建立了面向作者、读者、出版企业等多个服务栏目，及时展示其新品种、新特价的图书产品。

6.2.4 注重学术图书及其附属产品市场的全方位开发

在英国，学术图书出版出版企业一般会按照市场规律，针对不同的读者群体，对学术图书市场进行全方位的开发。例如，一本学术图书可以先期推出价位比较昂贵的硬皮精装本（Hard book）。当精装书的销售高峰开始下滑时，适时推出价格适中的平装书（Paper book）。在平装书销售高峰下滑之际，及时精心修订，推出修订书再次冲击市场。此外，图书可以与相关的文创产品（包括玩具和电子书）一起销售。②

埃尔塞维尔出版集团在立足于经典纸质学术图书基础之上，还开发了诸如《心病学》《药理学》《神经科学》等十几种电子只读光盘产品向全球销售，并将出版的图书资源整合成数据库、挂图、计算机软件等多种产

---

① 李冰祥. 英国学术图书营销的特点与启示 [J]. 大学出版，2004（2）.
② 黄永华. 英国图书出版业对中国出版的几点启示 [J]. 出版发行研究，2004（5）（http://masterhua.blogchina.com/）.

品推出，实现学术图书出版的增值。例如，向读者提供"医学文摘库服务"等数据库服务，销售"克娄巴特拉"等用于教学和研究的化学计量软件，出版"埃尔塞维尔矿物和岩石图表"等挂图，等等。

6.3 日本学术出版产业发展现状

日本是一个出版大国，了解日本出版业的基本特点，对制定和选择中国出版业的中长期发展战略具有重要的参考和借鉴价值。

6.3.1 编辑出版、经营高度信息化，产业集中

没有信息化，就没有当代日本出版。在高度信息化的大背景下，日本学术图书产业的编辑手段、物流格局、营销体系等都与传统出版不同。[①]

日本经济高速增长，涌现新一波"编辑匠"。他们搜索作者、关注作者、关注信息、快速审校手稿、快速印刷书籍，相关学术图书的出版和上架速度惊人。

在学术图书的运营中，日本的出版经营者还善于利用多媒体互动，形成多重宣传效果。传统意义上的图书只是一种特殊的商品。出版企业和读者之间的对话往往是不可预测的，购买欲望完全取决于个人喜好。随着信息技术的飞速发展，日本角川书店的角川商法改变了传统的出版理念，例如，将出版的图书投资拍成电影，或投资电影并将剧本改编成图书，利用媒体不断进行宣传，在社会上形成文化热点，促进图书的热销。文字、图像、声音一体化的出版理念，使出版经营者不再苦苦追寻读者的需求，读者对文化意识的选择由出版经营者控制，从而引领时代文化向信息化、消

---

① 国际化进程中的日本出版业 [EB/OL]. https://www.sohu.com/a/224477619_820547.

费化的发展方向,由出版经营者营造面向社会的文化氛围。

另外,在图书销售信息化管理方面,以日本最大的出版企业讲谈社的"DC·POS系统"为例,该销售信息系统是高度信息化的产物。通过对书店图书销售卡的回收和采集信息,及时掌握图书销售量,并与书店进行双向信息交流,以实现更合理的商品购销信息交流。目的是减少书店的退货,扩大销量,实现合理库存,提高效率。

可以说,日本的出版经济是信息经济。出版业的信息化和寡头化,推动了日本出版业的现代化,使其成为世界出版业强国。年销售额近4000亿日元的讲谈社是日本最大的出版社,其规模可与世界上任何一家出版社抗衡。作为日本出版业的龙头,它可以凭借自身在国际出版交流和竞争中的优势,展现日本民族出版的地位。这就是产业高度集中能深远影响一个民族文化传播的原因。

6.3.2 学术图书的电子化通路

2011年到2015年的日本电子图书市场规模见表6-4。

表6-4　2011年到2015年日本电子图书市场规模统计

年份	2011	2012	2013	2014	2015
金额（亿日元）	629	729	936	1266	1600

注：本表是根据Impress综合研究所《电子书籍商务调查报告书》（2015）相关数据编制的。

另外,根据日本全国出版协会出版科学研究所发布的统计,电子书收入从2016年的1909亿日元一直增至2019年的3072亿日元,在出版业的占比也从11.49%逐年增至19.91%。日本的电子图书市场已经进入一个快速增长期,每年的增幅都在快速提升。同时,日本的大学社开始将学术图书市场化作为未来发展选项。目前来看,采用了两条电子化通路,如表6-5所示。

表 6-5　日本学术图书出版社采用的两条电子化通路

电子化通路	实例
面向图书馆的学术图书电子化销售	面向日本图书馆的电子图书销售体系（OCLC-Netlibrary），已经有350家出版社及学术机构参与，销售图书76万种
面向在校学生的教材教辅的电子化销售	东京大学出版社等。东京大学与大日本印刷、丸善公司联合开发的"大学教材开发支援服务"

6.3.3 "一鱼二吃"提升学术出版经济效益

所谓"一鱼二吃"，是指在图书出版后，从中挑选一些社会反响好的图书做成"新书"或"文库"再版。例如，比较著名的有岩波文库、讲谈文库、中公新书、幻冬舍新书等。

所谓"新书""文库"，首先是其版型小、字数少，A5版（俗称口袋书），约200页；其次是内容浅显，面向高中水平以上的社会读者；最后是价格便宜，一般定价在700~1000日元。这种"新书""文库"的存在，使作者及出版社在学术影响及经济效益上实现了双赢。这也使得学术图书资源利用率得以提高。[①]

另外，让我们从收入构成的角度来看日本的综合出版社销售收入情况。2013年，日本三大综合出版社销售收入构成如表6-6所示。

表 6-6　日本三大综合出版社销售收入构成（2013年度）

单位：%

出版社	图书	杂志	杂志广告	其他
小学馆	16.9%	57.4%	12.9%	12.9%
集英社	13.5%	62.1%	9.1%	15.3%

---

① 田雁. 日本的大学出版社及学术出版. 科技与出版 [J]. 2016 (9).

续表

出版社	图书	杂志	杂志广告	其他
讲谈社	20.9%	61.2%	7.2%	10.6%

注：本表是根据日本 Mizuho 银行产业调查部"文化产业的展望"（2014 年）相关资料制作。

从表 6-6 日本综合出版社的销售收入构成来看，我们也能想象日本学术出版产业运作上，日本出版社一直着力于提高学术出版资源的综合利用率，以期提升学术图书出版产业的经济效益。

另外，根据 2020 年日本图书市场数据报告显示，2020 年日本图书市场销售额达 16168 亿日元（折合人民币 970.08 亿元），增幅为 4.8%。其中，纸质出版物（包含书籍和杂志）的市场销售额同比下降 1%；电子书市场同比增长 28%。这也是电子书市场继 2019 年后第二年实现正增长。目前，电子书占日本整体图书市场份额的 24.3%，较 2019 年的 19.9% 增长了 4.4 个百分点。究其原因，一方面是疫情导致人们居家时间增加，阅读需求有所增长；另一方面是改编自知名漫画家吾峠呼世晴作品《鬼灭之刃》的动画电影《鬼灭之刃：无限列车》，创下了近 20 年日本电影最高票房，达 3.13 亿美元（折合人民币 20.26 亿元），带动了相关纸质书的销售，并进一步带动了整个出版业的增长。这也启示着我们做学术图书出版，可以重点思考如何进一步提升学术出版资源的综合利用率，进而推动中国学术图书出版产业的进一步稳健增长。

6.3.4 注重学术书刊的外在包装

学术图书是学术界和出版界沟通的重要渠道。在日本，出版界编辑和学者保持着紧密的联系，创新着学术图书产品。其中，很重要的一条实践经验就是，在学术图书出版方面，日本的学术图书编辑大费周章地给看来艰深的学术图书设计一副亲切、和善的面孔。

所谓人要衣装，书也一样，好的图书装帧，能够给读者好的第一印象。日本是一个当之无愧的读书大国。从人口平均来言，书籍销售量远远超过中国。这个从笔者在日本生活的 6 年里，每天早晚通勤的电车里就能看到，一大批日本上班族都是手捧图书处于阅读状态的。

图书的装帧可谓"终身制"。学术图书的封面封底、大小尺寸，构成了读者对其的第一印象。装帧精美的学术图书，使日本图书界被世界图书界称赞。例如，日本图书有在世界上其他国家不可多见的书皮、外封和书腰。在书店购买图书后，日本书店通常还会给读者再包一层书皮，双手递给读者。外面额外包装的书皮，通常还印有各家连锁店的地址及电话。在日本独特的文化氛围中，这种图书书商详细周全的包装和服务，能够让读者耳目一新。[1]

6.4 中外学术图书出版产业发展现状比较

6.4.1 中国学术图书出版产业缺乏实力雄厚的大型出版企业

通过以上分析，我们可以发现，学术图书出版产业的发展，需要大型集团化的规模经营，这也是当代学术图书出版业发展的总趋势。实力雄厚的大型出版企业不仅可以使学术图书出版产业高度集中，出版资源得以合理配置，更可以引领一国学术图书出版的迅速发展和国际扩张。

从以上典型国外学术图书出版产业发展现状来看，1999 年，在美国的科学、技术和医学类学术图书市场上，90%的学术图书出版市场份额主要被三家出版集团控制。2019 年年底，美国五大社的市场份额高达 80.2%

---

[1] 给书一副亲切的面孔——日本学术书刊的包装［EB/OL］. https://www.docin.com/p-891175976.html.

(不考虑亚马逊的市场份额)。大型出版集团通过并购部分特色小学术出版社,在学术出版的资金、人才、资源和渠道上更具优势,从而加强了其全球范围的学术图书出版扩张的实力。

在英国,2015年,五家出版集团拥有50.8%的学术图书市场份额。这些出版集团以资产为纽带,以市场为导向,通过兼并、联合组成更大的出版集团,从选题策划开始就瞄准国际市场,并逐步向全球学术图书出版市场战略扩张。例如,里德·埃尔塞维尔、培生、剑桥大学出版社等出版集团的学术出版国际战略选择就是最好的例证。

在日本,有像讲谈社这样年销售额近4000亿日元的大型出版社。这样规模的出版社,足以与世界上任何一家出版社抗衡。2019年年底,日本共3000多家出版社,其中销售额在100亿日元以上的出版社30家(约占出版社总数的1%),其销售额占日本出版业总销售额的44.9%。

与此同时,反观中国的学术图书出版产业,虽然近几年来,中国学术图书出版企业的实力已经有了很大增强,也出现了诸如中国出版传媒股份有限公司、中国科技出版传媒股份有限公司等实力较强的学术图书出版企业,但远远未出现可以领航中国学术图书出版市场、具有国际竞争力的大型出版企业。因此,中国学术图书出版要长远发展,必须培育实力雄厚的大型出版企业,以应对国际学术出版资源的竞争。

6.4.2 中国学术图书出版企业缺乏特色

从以上分析可以看出,美国、英国、日本等学术出版强国的出版企业特色往往鲜明。作为全球最大的学术图书出版商里德·埃尔塞维尔集团,将其出版业务主要集中在生物和医学类的学术图书,以及科技词典的出版上;国家学院出版社只出版和国家学院有关的科技卫生方面的学术图书;BIOS科学出版有限公司只涉及生物和医药类学术图书的出版;等等。

特别是美国、英国、日本运作比较良好的中小学术出版企业，更是纷纷把"专业立社"奉为生存秘籍。只定位于学术图书出版的某一细分市场，集中精力，突出特色，深入开发产品。

另外，美国、英国、日本目前的优势学术图书出版企业都非常注重图书及其附属产品市场的全方位开发，注重产品的装帧设计和创新，努力探索电子化通路，关注"一鱼二吃"，积极努力提高学术图书经济效益，探索企业多元化经营。

相比较而言，中国学术出版企业则缺少特色，大部分学术图书出版企业盲目涉足自己不擅长的学术图书出版领域，出版产品线过长，没有核心的出版领域，不利于企业的长远发展。

6.4.3　中国学术图书出版销售缺乏针对性

在第4章中，笔者已经介绍了中国学术图书的主要销售模式，目前主要是以传统的新华书店等实体店渠道和电商渠道销售为主，很明显销售针对性不强，这也给中国的学术图书出版造成了流通渠道不畅、有效供给不足等发展困境。如果不能有效打开销售渠道，中国的学术图书只能长期停留在经营不善的状态，这对中国的学术图书出版产业的长期发展不利。

纵观国外学术图书出版产业发展现状，我们可以发现，在美国学术图书出版市场上，各个学术出版企业注重利用学术图书读者群相对固定的产业特征，加强销售的针对性。例如，精心积累读者分类数据库，大力开拓直销业务；培育学术书店，主要通过学术书店销售学术图书；批发商为学术图书销售制订专门的、针对性强的销售方案；发展各种图书俱乐部；等等，这些都是美国学术图书企业为了加强学术图书销售的针对性所采取的积极措施。

在英国的学术图书出版市场上，我们也能发现，大多数学术图书出版企业多年来注重积累强大的客户数据库，并且积极探讨利用数据库开展深入、细致的直销等工作，努力探索各种学术会议上的直销和参加相关科技展览等有针对性的销售模式。这些有针对性的销售，大大提高了英国学术图书的销售额，促进了英国学术图书出版产业的发展。因此，在这一点上，其做法值得中国学术图书出版产业界借鉴和学习。

第 7 章 促进中国学术图书出版发展的建议

学术图书出版是一项系统工程，它的健康、有序发展，需要社会各方的共同努力和推动。具体而言，我们可以尝试从以下方面聚集力量，促使中国的学术图书产业在全球市场竞争中进一步发展和壮大。

7.1 国家应高度重视学术图书出版工作

一个行业的健康、有序发展离不开国家的宏观政策支持。因此，探讨学术图书出版的发展，解除中国学术图书出版发展的行业瓶颈之发展动力问题、结构性障碍和市场环境问题，最为关键的是需要国家从宏观政策层面上给予一定的重视、扶持和政策倾斜。

7.1.1 给学术图书出版企业足够的优惠政策

由于中国学术图书出版企业正在成长阶段，盈利能力和抗风险能力较低，国家可以考虑给予一定优惠政策促进其发展。例如，可以从以下方面给予扶持。

（1）鼓励企业从行业内外吸收国有资本，放宽对学术出版企业的融资限制。

（2）放宽学术出版企业创办学术期刊的限制，鼓励学术图书出版企业书刊互动发展。

（3）允许学术图书出版企业根据需要，创办或兼并、收购其他学术出版企业，培育具有雄厚实力的学术出版企业，提高产业集中度。

（4）继续保持国家对大学出版社利税返还的政策，把大学出版社的利税一部分返给出版单位，用于新技术改造和降低学术图书的价格。[①]

（5）为进一步提高学术图书资源的产业综合利用率，需要积极探索利用国家出版基金等增大对传统学术出版与新兴数字网络出版融合发展等方面出版项目的资助力度，推动产业发展。

（6）2016年6月，中宣部、原国家新闻出版广电总局、发展改革委、教育部、财政部、住房和城乡建设部、商务部、文化和旅游部、人民银行、税务总局、工商总局联合出台《关于支持实体书店发展的指导意见》。细分到学术图书出版产业，国家可以提升对高校和科研院所集中的城市学术实体书店的支持力度，扩大学术图书的推广销售渠道。

（7）2016年10月20日，原国家新闻出版广电总局下发《关于加快新闻出版业实验室建设的指导意见》，表示目前新闻出版业已成为推动社会经济转型发展的重要力量、促进科技深度融合发展的关键领域、保障国家文化安全与互联网安全的主要阵地。细分到作为图书出版的前沿学术和科技阵地——学术图书出版产业，国家应加大对科技的支撑与引导作用，加强科技研发、标准研制、技术应用、人才培养、模式创新，加快学术图书出版产业的转型升级，促进传统媒体与新兴媒体、传统出版与新兴出版的融合发展，进一步推动学术图书出版产业拓展新业务、建立新业态、产生新效能。

（8）2018年12月18日，中央宣传部会同中央网信办、发展改革委、科技部、财政部、人力资源社会保障部、自然资源部、商务部、文化和旅

---

① 余敏. 出版集团研究[M]. 北京：中国书籍出版社，2001.

游部、人民银行、税务总局、市场监管总局、广电总局等有关部门和单位拟定的《文化体制改革中经营性文化事业单位转制为企业的规定》和《进一步支持文化企业发展的规定》，经过国务院同意，进一步深化文化体制改革，促进文化企业发展，在财政税收、投资和融资、资产和土地处置以及工商管理四个方面提供支持。具体到学术图书出版产业，可以制定和细化扶持和鼓励学术图书出版高新技术企业的发展。针对学术图书出版企业开发新技术、新产品、新工艺发生的研发费用，允许按照国家税法规定，给予一定的税率征收优惠，进一步鼓励学术图书企业创新传播渠道。

（9）中央和地方各级人民政府要加大对学术出版产业的投入力度，通过项目补贴、加大学术出版基金资助力度等方式，支持国家级重要学术图书出版项目的推广，推动学术出版资源的整合和中国学术图书出版产业的结构调整，鼓励学术图书出版企业上市融资。

7.1.2 推行学术图书出版分类管理

有必要推行学术图书出版分类管理，原因如表 7-1 所示。

表 7-1 有必要推行学术图书出版分类管理的原因

理论因素	释义	举例
按照社会角色论的解释，学术界和出版界二者的社会功能是有差异的	学术界出版学术图书是为了公开发表研究成果，传播学术思想，求得同行认可和正确评价。出版企业作为经营实体，出版学术图书是为了保存和传播学术成果，同时还希望有一定的经济效益。也正因为如此，在美国或者欧洲，出版企业可以被分为商业出版企业和学术出版企业（在美国主要是大学出版企业）。所以，很有必要从国家角度推行学术图书分类管理	经营型的企业型出版企业可以根据市场需求出版具备"大众阅读"潜质的学术图书。小部分纯思想理论性学术图书、读者面很窄的学术图书，应该由公益性的事业性出版社承担出版发行和培养人才的工作，由国家投资或是由出版基金从资金上给予保障

续表

理论因素	释义	举例
从经济学角度看，小部分学术图书属于公共物品	公共物品属于集体消费的物品，也就是说人们不用购买仍可以进行消费。人们不购买公共物品，公共物品就不会进入市场交易，从而没有价格，生产者也不愿意向社会提供	基础理论研究成果、冷僻学科或专题的研究成果之类的部分学术图书的市场需求量极其有限，而这部分学术研究成果又是任何一个社会长远发展所必需的。单靠市场自发调节，这部分学术图书的市场供给就会远远小于需求，长此以往，不利于国家的文化积累和科技创新

因此，国家应该肩负起小部分纯思想理论性学术图书和诸如基础理论研究成果、冷僻学科或专题的研究成果之类的部分学术图书的出版责任，以满足社会需求，实现学术图书的供求平衡。

具体而言，国家可以通过扶持公益性、事业性出版社的发展，提供税收优惠（如实行零税率），建立各项学术图书出版基金来推行学术图书出版分类管理，实现这一宏观调控职能。

国家还可以通过有意识的精心培育、扶持若干有影响力的学术图书出版机构，给予学术图书出版机构资源配置和经济政策方面的倾斜，注重培养高素养的学术图书出版人，以此实现上述宏观调控职能。

7.1.3 完善学术图书出版制度

按照制度经济学原理，如果资源稀缺，并且行为人在给定条件下追求自身利益最大化，那么只要市场是不完善的，就有可能发生损人利己的交易行为。因此，制度建设十分重要。制度安排，可以提高稀缺资源的利用率，减少人们的利益摩擦。

在完善学术图书出版制度时，值得重点考虑以下几项制度，见表7-2。

表 7-2 完善学术图书出版制度举措①②

学术图书出版制度	具体举措
建立统筹规划、协同合作、分步实施的整体规划制度	可以通过国家主管部门科技专项出版计划,设计一个具有开放性、经典性和现代性兼容的框架,进一步对中国学术图书的出版作整体规划,尽量避免选题交叉、重复和低水平化。另外,可以考虑推行选题策划合作模式(包括跨地区的、跨国界的选题策划合作),改变目前中国学术图书市场各自为政、无序、分散的作坊式生产方式
促使学术图书出版始终能够持续、健康发展,建立适应中国国情、兼顾国际规则的优秀学术图书评估制度	它应该包括公平、有序的学术图书选题论证机制、公开透明的优秀学术图书评选公示制、公正规范的学术图书匿名审稿制、公允客观的学术图书评论制。既要确保学术图书的质量,又要激励学术图书创作新人脱颖而出
建立学术图书出版基金管理制度	一方面,建立由企业、专业学术团体(机构)、国家三方面融资及管理的学术图书出版基金会,重视基金的增值,为学术图书出版提供物质保障。另一方面,加强对各类学术图书出版基金使用的监督管理,实行严格的事前评审、事中监督和事后审计制度
建立图书馆销售渠道、直销渠道和网络销售渠道	学术图书的销售有其特殊性,图书馆收藏、直销、网络销售都是其主要销售方式。制度化向高校图书馆提供最新、最全的学术图书出版信息,规范化馆配招投标市场,拓宽直销渠道和网络销售渠道,方便图书馆大规模采购,以及终端读者能及时获取最新学术图书出版资讯

7.1.4 倡导全民阅读

为扩大学术图书的消费,一个有力且必需的条件是需要提高全民阅读水平。

---

① 孙玉玲. 中国学术图书出版发展研究 [D]. 武汉大学硕士学位论文,2004:49.
② 陈正雄. 简谈学术图书出版机制的建立 [J]. 出版发行研究,2010 (6).

早在 1982 年，联合国教科文组织就提出了"建设阅读社会"的目标，在世界范围内提倡阅读活动。1995 年联合国教科文组织第 28 届大会把 4 月 23 日定为"世界读书日"，进一步推动读书活动朝着长期和稳定的方向发展。

1997 年 1 月，中宣部等九部门共同发出了《关于在全国组织实施"知识工程"的通知》，提出了实施"倡导全民阅读，建设阅读社会"的知识工程。

2012 年，党的十八大报告中提出"开展全民阅读活动"；2014 年，"全民阅读"首次被写入政府工作报告，到 2021 年为止，"全民阅读"已经连续八年在政府工作报告中出现；2020 年中宣部印发《关于促进全民阅读工作的意见》，深入推进全民阅读。显然，阅读作为获取知识、增长智慧的重要方式，同时作为传承文明、提高国民素质的重要途径，受到了党和政府的高度关注。宏观看来，深入推进全民阅读，对加强社会主义精神文明建设、促进社会进步具有重要意义。2022 年 4 月 23 日，首届全民阅读大会开幕。中共中央总书记、国家主席、中央军委主席习近平在贺信中指出，阅读是人类获取知识、启智增慧、培养道德的重要途径，可以让人得到思想启发，树立崇高理想，涵养浩然之气。中华民族自古提倡阅读，讲究格物致知、诚意正心，传承中华民族生生不息的精神，塑造中国人民自信自强的品格。

总之，在中国，深入开展全民阅读活动有着良好的实践基础。

7.2 出版行业协会增强专业服务功能

国家宏观管理与企业微观管理之间跨度较大，需要有类似于出版行业协会这样一个承上启下的管理层次。

一方面，出版行业协会可以通过市场等引导措施直接向企业传递国家宏观调控信号，督促企业实施；另一方面，它可以及时向国家反馈企业在微观管理和监管过程中的情况和问题，起到桥梁和纽带作用。

因此，行业协会作为中间管理机构，是行业协调发展不可或缺的中介组织。

与国外相比，学术图书出版发达的国家都成立了专门的有关学术图书出版的行业协会，例如，在美国，有学术出版和学术资源联盟（The Scholarly Publishing and Academic Resources Coalition，SPARC）；在英国，有学术与学术团体出版社协会（Association of Learned and Professional Society Publishers，ALPSP）；等等。

成立专门的中国学术图书出版协会可以从以下方面对学术图书出版进行调控，从而进一步促进学术图书出版的发展。

（1）发布行业信息，如国家的相关政策，以及学术图书出版行业发展的新趋势等，以利于学术图书出版企业参考。

（2）进行行业统计，如对外贸易额，该国当年的学术图书分类市场销售数据，以及国际市场占有率等统计数据等，以利于学术图书出版产业及时调整产品结构。

（3）加强交流，说服国家和各相关机构增加财政支持，帮助学校图书馆、学生和科研人员购买更多的学术图书产品。

（4）提供与行业发展相关的数据，如该国当年的学术图书分类市场销售数据，以及国际市场占有率等统计数据，以利于学术图书出版产业及时调整产品结构。

（5）推广应用新技术，例如，致力于对国际上新出现的按需印刷

(Print demand)和网上出版(Online Publishing)等新技术在中国学术图书出版行业的推广。

(6) 组织行业技术培训，对一些国家致力推进的学术领域新技术和新成果，邀请专家对学术图书出版行业的编辑进行技术培训。

(7) 致力于提高学术图书出版企业其图书产品在中国图书市场上的市场份额，如组织学术图书展览会，拉动学术图书的销售额等。

(8) 进行行业调研，如定期组织员工调查行业发展现状、可能存在的不足和问题，公布调查结果，指导学术图书出版企业的整体战略持续成长。

(9) 版权保护，如打击盗版、维护学术图书出版市场秩序等。

(10) 加强国际交流，定期与国外同行进行比较分析，定期组织人员去国外参观考察，学习国外学术出版成功运作经验，等等。

笔者认为，随着中国学术图书出版的进一步发展，非常有必要建立一个专门性的学术图书出版行业协会，增强行业协会的专业服务功能，以期更好地促使学术图书出版产业的持续、稳健发展。

7.3 学术图书出版企业促进自身在市场竞争中发展壮大

现阶段，由于全国绝大多数出版企业都处于集团的领导之下，集团与出版企业这两个层面规划的着重点应该有所不同，出版企业要有所为，有所不为，应该以做强为主，在一个专业领域里深耕、做透，取得竞争优势，让自己变强，成为某一个领域里的强者，才能逐步发展壮大。而出版集团则应以做大为目标，出版集团有了一定的体量和规模，就可以吸纳更多的人就业，创造更多的利润，吸引更多的人才，才能更受政府的重视和支持，获得更多的政策、资源的倾斜。出版集团规模越大，机会就越多，选择的余地也就越大，反过来，支持属下出版企业的力度才能更大。因此，出版集团必须向做大的方向规划，只有做大了，才有可能做强。

聚焦到学术图书出版企业，可以从以下方面着手，促进自身在市场竞争中发展壮大。

7.3.1 加大市场营销力度

1. 寻求适当的产品策略

这里所言的产品主要是指不依靠国家或出版资金资助的大部分学术图书产品。这是因为依靠国家或出版资金资助的小部分学术图书产品，不应过多地考虑适应大众读者。

走市场的学术图书，在选题策划角度，需要在选题本身上下功夫，应该着力于传播和保存高水平的学术文化成果，强调学术规范，尽量扩大它的受众范围。具体产品策略可以参考表7-3。

表7-3 学术图书产品策略

产品策略	具体措施
追逐学术热点和社会热点	以学术热点和社会热点作为学术图书的选题，扩大受众范围，增加读者对学术图书产品的兴趣点
尽量以大众语言或者"图解"等易于被读者接受的表达方式创作学术图书	减少非学术性读者阅读学术图书的难度。例如，《薛兆丰的经济学课》，付费订阅用户超过29万，成为全球最大的经济学课堂。主要就在于作者善于把深奥的理论写得通俗而有趣，以其生动活泼的文风被大众广为接受，增强了阅读的趣味性

续表

产品策略	具体措施
为受众着想设计学术图书的外观	产品外观设计并不是简单的产品美化，它需要设计师综合考虑要素之间的影响，而且需要考虑产品外观基本的美观度、创新性。学术图书是内容与形式的统一体，好的外观形式既能有效地吸引读者的注意力，还能更好地体现图书的高品质。例如，复旦大学出版社的《中国思想史第一卷——七世纪前中国的知识、思想与信仰世界》在开本设计上打破了32开或16开的传统模式，选择了国际上流行的20开本的形式。因为这种开本留有较大的空白，可供读者做笔记，另外在其间还附有简短的提要，起到了导读的作用，此举便是从消费者的需求角度设计学术图书的外观的例证
调查学术图书市场需求和受众偏好，有针对性地策划学术图书产品	定期走访大学和不同地区的学术书店，通过官方机构、学术团体和学术会议，了解专业研究的主流方向和技术发展趋势，以敏锐的触觉，收集科技新闻和科技媒体导向

2. 运用灵活的价格策略

为学术图书定价时，需要了解该书对目标读者的学术价值。对于一部分学术价值非常高、价格缺乏弹性、目标读者对价格敏感度不高的学术图书，可以适当提高其销售价格，降低出版企业的成本压力。

但是，对于一部分内容替代性强，目标读者可能对其销售价格敏感的专业图书产品，则考虑以适当合理的价格销售，甚至可以考虑通过针对不同购买力的读者，推出精装本和平装本，满足不同群体的需求，从而尽可能地扩大专业图书的市场销量。

3. 营销渠道的建立要适应学术图书的特点

学术图书内容学术性强，目标读者群较容易界定。因此，根据学术图书产品的特殊性，仅仅依靠传统的书店销售这一比较单一的销售渠道来销售学术图书是远远不够的。学术图书的发展呼吁应及时建立适应其特点的多层次营销渠道。在这方面，笔者认为，可以考虑从以下方面来搭建有效的学术图书销售渠道。

（1）邮购。通过广泛收集信息（如图书馆名录、相关学会的会员名录等潜在读者信息），针对学术领域建立读者数据库，有针对性地选择学术图书产品邮购信息传递给相关读者群体。美国大约10%的学术图书是通过出版企业邮购渠道销售的。

（2）对口寄销。出版社将某些学术性强的学术图书品种分门别类制作新书目录，并直接发至相关的学术图书销售网点，由销售网点提出寄销书量。

（3）学术研讨会或学术会议直销。多了解学术研讨会或学术会议的信息，争取与主办方合作，在举行学术会议时，出版企业或书店可以适当地演讲或设摊售书，传递学术图书出版信息，这往往能收到非常好的营销效果。这一点，在美国，非常普遍。例如，美国的大学出版社常常安排联合图书展览会，借此推销大量的学术图书与期刊。

（4）行业销售，即系统发行。出版企业以比较优惠的折扣，将学术图书批销给与学术图书内容联系紧密的团体，例如，学术相关企业、公共图书馆、学术教育机构、研究院所等。

（5）转为学术教材或教学辅导参考书销售。出版企业可以考虑将部分高端学术图书产品尝试打入高等院校学术教育和科研教学领域，通过定期送样书和邮寄出版信息，争取有针对性地扩大图书销售渠道。

（6）重视图书馆大客户市场需求。依据潜在学术读者群体的地区分布，有针对性地扩大和建立学术图书销售渠道。

（7）重视学术书店、网上书店、学术读者俱乐部等多渠道的学术图书销售，尽量多培育直接面向学术读者的终端销售模式，降低销售成本，提高学术图书的销售针对性。

（8）借鉴美国学术图书出版运作经验，尽量高度集中学术图书的批发环节，促使中国学术图书出版市场早日形成具有雄厚的资金、广泛的销售网络、能规模化经营的大型学术图书批发商和专业的销售闭环，使它们能够更有针对性地对特定购买者进行促销和销售活动，在售后服务方面做得更到位。除此之外，高度集中的学术图书批发环节，也能有效避免目前学术图书市场因为渠道冲突造成的"串货"，防止学术图书销售价格体系不规范；分销商对出版企业的忠诚度下降；信用危机爆发，拖欠货款等问题的出现。

另外，由于学术图书读者一般为有一定学术背景的高知识分子。他们的图书购买行为内容需求针对性很强。因此，有效的学术图书内容告知无疑是非常有效的营销手段。

基于以上认识，在学术图书的发行上，除考虑传统的书店渠道发行外，也可以考虑在充分了解和完善出版企业的学术图书读者信息资源库的建设基础上，构建好直销体系，并针对直销体系中的潜在消费者群发书讯、搭建学术论坛等网上交流平台、尽量多地参加学术会议推广图书产品等。

4. 采用灵活多样的营销推广方式

学术图书具体的营销推广方式可以参照表7-4。

表7-4　学术图书营销推广方式①②

推广方式	具体运作方式
选择适合的营销对象	学术图书读者定位相对明确，应该有针对性地进行营销，图书馆（尤其是高校图书馆、省级公共图书馆和科研机构图书馆）和学术书店是营销的主要对象
为选定的营销对象提供周到的服务	学术图书很大一部分客户是图书馆，美国的许多大学出版社每个月会寄给图书馆促销资料，新书都附有一封促销信，还为图书馆员提供按主体分类排列的目录。另外，在美国、英国，批发公司开展的一项比较成功的批发方式是"纲目选书计划"。这是批发商采用的"定题服务方法"。服务对象通常是公共图书馆和学术图书馆。批发商首先建立一个主题词表数据库，收录各个学科的主题词，然后根据各个图书馆采购图书的要求，分别向订户提供长期、定题的图书供应服务

---

① 安华. 美国学术出版社向图书馆和海外促销 [J]. 出版经济，2003（5）：57.
② 宇痕. 国外批发商如何运作——西方图书发行行业透视之七 [N]. 中国图书商报，1995-07-10（8）.

续表

推广方式	具体运作方式
选择合适的营销宣传方式	例如：在有关报刊上登载广告；组织专家学者撰写书评，在学术期刊或行业书评类报刊等媒体上发表；在有关报刊上以消息形式发布图书出版信息；利用《科技新书目》《社科新书目》等书目向全国书店征订，同时向大中城市新华书店和设有学术图书门市部、科技门市部，以及在大学校园设有门市部的新华书店发征订；各大书城联合推出某些领域学术图书的促销活动；直接给图书馆和学术读者数据库里的相关潜在读者邮寄图书目录；名家著作可以考虑在大中城市由作者签名售书，引发平面及电视广播媒体关注，吸引读者购买注意力；对部分学术图书购买团体让利销售，或者在某些学术论坛和专业读者俱乐部中，以做活动的形式，让利或为图书产品增加附加产品；与作者联合，在部分城市举办公益性讲座，扩大图书的知名度；为部分拳头产品召开新书发布会或新书研讨会；与专业学术团体和研究机构合作出版和销售学术图书产品；等等

5. 实施客户关系管理

找准专门的读者群，实施客户关系管理有助于推动学术图书的销售。目前，中国有几家出版社的网站初步具备了客户关系管理的功能。例如，外语教学与研究出版社（简称"外研社"）英语教学网、社会科学文献出版社网站、人大的教研服务网站等。

7.3.2 合理利用学术出版资源

1. 提高学术图书出版内部资源的利用率

(1) 尽量扩大销量,提供适销对路的学术图书

这是最主要的提高资源利用率的方式。英国矮脚鸡出版社(Bantam Press)的信条是：任何图书,只要适销对路,符合读者口味,都有可能畅销。该社曾以22.5万美元买下了英国著名物理学家斯蒂芬·霍金创作的《时间简史》的美国版权,在英国精装版销量逾50万册,平装版销量14万册,被译成了33种语言出版,创下了英国学术图书销售最高纪录,被誉为20世纪出版奇迹。①

学术图书要想适销对路,经营者在观念上：一要面向市场,适应市场,引导市场,重视读者行为分析,牢固树立品牌运营的观念；二要重视学术图书的重版、重印工作,延长学术图书市场生命周期。例如,从2004年开始,中华书局分批推出双效重印书,在深度利用学术资源上迈出了重要的一步。

(2) 重视学术图书的立体和再度开发,提高学术资源利用率

在学术图书生产上,需要重视不同媒介学术资源的相互转化,例如,把学术会议资源转化成文本资源；把文本资源多媒体化,实现媒体互动；为纯学术图书另出一个普及版；将大部头的学术著作拆零发售；推出光盘版；等等。

在经典产品的再度开发上,可以利用经典书、品牌书的资源进行再次改造。

首先,我们可以考虑旧书翻新,重新包装。例如,数年前出版的学术

---

① 杨帆. 学术著作挣大钱——英国《时间简史》引发科学著作热 [N]. 中国图书商报, 1995-10-16 (16).

图书《经络图解》(修订版),定价76元,16开精装,铜版纸彩印。2006年福建科技出版社修订了此书,改为大众定位,80克轻型胶版纸彩印,定价35元,2006年12月首印4000册,市场销售反应良好。目前已印刷4次,累计印数达两万多册。①

其次,在出书先后次序上,可以考虑采取先普及,后大众;先低价,后高端的出版策略。换种说法就是,先出预估印数较大的好销书,再跟进同类较为冷门的其他书。举个实例,福建科技出版社出版的16册《新校注陈修园医书》,这是学术图书立体开发的典范。该系列获得了良好的社会效益和经济效益。福建科技出版社是先陆续出版单行本,待整套书出齐后,再推出仿古盒装本,将16册书一并入盒,古色古香的装帧又热卖了一次。再接下来按相关内容分类,将16册书策划成一套4大本的精装书,利于读者收藏和图书馆藏,获得了良好的市场销售业绩。②

(3)建立作者和读者数据库,提高数据库资源利用率

学术出版的作者群和读者群与其他出版类别不同,具体表现在作者资源与读者资源在相当范围内是重合的。要想做好、做实学术出版,出版企业就必须在学科内部稳定和巩固资源库,及时把握行业内的前沿发展动向,了解学术内的市场需求情况,让学术出版与学术发展同步前行。

(4)利用高新技术,提高学术图书资源利用率

利用高新技术,可以提高学术图书资源利用的效率和深度,具体见表7-5。

---

① 林万泉. 经典产品的再度开发 [N]. 中国图书商报, 2007-11-09 (www.cbbr.com.cn/info_13368_1.htm).
② 林万泉. 经典产品的再度开发 [N]. 中国图书商报, 2007-11-09 (www.cbbr.com.cn/info_13368_1.htm).

表 7-5 学术图书出版可以利用的高新技术①

可以利用的高新技术策略	具体措施
电子出版策略	电子版学术图书是印刷版的补充,可以用电子产品来支持和完善印刷版,比如对于一本印刷版的教材来说,可以在网站上提供该教材的相关补充电子资料,开发立体教材
按需印刷技术	在读者面很窄、印数小于 1000 册的学术图书出版领域,按需印刷技术可以逐步取代批量印刷
企业资源计划(Enterprise Resource Plan, ERP)技术	通过流程再造,整合企业内部资源。例如,中国高等教育出版社就把引入 ERP 技术作为重要的战略举措
最新的网络检索技术	考虑学术图书产品的网络出版开发,有效整合部分学术图书产品,利用最新的网络检索技术及相关功能,探索学术图书产品资源的深度利用

2. 向外寻求学术图书出版资源

如果出版企业向内挖掘潜力的效果非常有限,就应该将资源利用的触角延伸到企业外部。企业经营的业务范围从内部扩展到外部,有助于企业在竞争中加快发展,提升学术出版综合实力。

从国内外学术图书出版发展的实践来看,值得借鉴的向外寻求学术图书出版资源的方式如表 7-6 所示。

---

① 孙玉玲. 中国学术图书出版发展研究 [D]. 武汉大学硕士学位论文,2004:51-55.

表 7-6 向外寻求学术图书出版资源的方式①②

向外寻求资源方式	具体措施
将其他业务外包，专注于核心业务，注重规模经济效益，通过"合作联盟"的方式谋求生存和发展	在德国，决定出版社成败的工作基础是做到选题符合用户的需要，因为在出版社内部，许多其他功能，如库存、定购管理、开账单、记账、宣传品的发放等，都越来越多地需要交给相应的外部服务人员去做，甚至需要聘请外部的学术图书推销员，节省营销人员成本。在中国，出版业内学术服务机构（如北京开卷图书市场研究所、各种版权代理机构等）和自由职业者越来越多，为出版社非核心业务的外包创造了有利条件
与国外出版机构建立长期的业务合作关系，大力挖掘出版资源	例如，中央编译出版社利用与国外版权代理公司和近百家国外出版企业建立起固定的、长期的业务联系，向外开拓出版资源，在保持学术品位和出版特色前提下，不断拓宽学术图书出版视野
设立分支机构，吸纳渠道，拓展资源	目前，许多出版社纷纷在北京设立了分支机构，这些公司大都以高端学术图书和畅销书，以及相关学术图书出版领域为主要出版方向。例如，陕西师范大学出版社设立的北京博集天卷图书发行有限公司策划出版发行的"中国当代经济学家学术评传"就收到了较好的成效

---

① 陈昕. 出版商纷纷建立北京分支机构 [N]. 中国图书商报，2003-11-14（1）.
② 杨贵山. 欧美书业概论 [M]. 成都：四川教育出版社，2002.

续表

向外寻求资源方式	具体措施
通过学术图书发行联合体和互联网销售学术图书	美国的许多大学出版社都加入了一种被称为"营销联合体"的组织，它们共同承担在海外开设营销办事处和雇用销售代表的费用。中国的出版企业也可以采用类似的联合建中盘的方式，促进学术图书的出版发行。另外，英国剑桥大学出版社最大的客户之一是亚马逊书店，它们很多学术图书都是通过亚马逊网上书店销售的

7.3.3 实施精品战略

高质量的发展不仅是学术图书出版的目标和使命，也是国家整体经济发展的主线。为了适应中国学术图书出版高质量发展的需要，我们广大出版人应该积极探索高质量发展路径，切实有效地为提升中国学术出版业的整体发展水平贡献力量。具体可以从以下几个方面发力。

（1）收缩庞杂的产品线，确定重点出版门类，集中优势，做深、做大，彰显出版社的品牌特色。

（2）脚踏实地，做好市场调研和资源的深度开发工作，注重原创，力求推出能代表当今国内学术领域最高水平的学术专著。

（3）名家是构成图书品牌的要素之一。尽量选择相关领域的学科带头人组成作者群体，结合确定的细分市场，力求建立覆盖著名专家、理论研究人员、行业优秀人士、海外作者等层次多元的作者队伍，强调适合市场和读者需求的作者就是好作者，提升产品质量。

（4）在图书封面标识上做文章，形成独特的装帧风格，使读者很容易辨识，品牌化运营。

（5）维护和更新已有品牌。及时注入新的内容血液，赋予新的内涵，使其历久不衰。①

7.3.4 应用长尾理论发展学术图书出版产业

2020年，我国出版新书品种21.4万种，重印图书27.5万种。② 以开卷上架调查数据为例，超大书城的在架品种数是20万种左右，这意味着新书不可能全部上架。

在当前新书规模巨大、退货库存居高不下的出版形势下，我们有必要认真研究长尾理论。

2004年10月，美国人《连线》杂志主编克里斯·安德森（Chris Anderson）提出了"长尾理论"，用来描述诸如亚马逊之类网站的商业和经济模式。他提出，只要产品的储存和流通渠道足够大，众多小市场可汇聚成与主流市场相匹敌的市场能量。例如，一家大型书店通常可以容纳10万本书，但在亚马逊在线书店的图书销售中，有超过10万本的书。这些不受欢迎的书籍的销售比例正在迅速增长，预计未来它们将占整个图书市场的一半。这意味着一种新的商业模式正在兴起。③ 简言之，人们通常关注重要的产品，即曲线的"头部"，而忽略曲线的"尾部"。然而，在互联网时代，关注"尾部"所产生的整体经济效益甚至会超过头部。④

"长尾理论"模型见图7-1。

---

① 应小雄. 出版社着眼品牌塑造——收缩产品线精选原创力 [N]. 人天书网，2007-11-14（www.rtbook.com）.
② 中国出版年鉴2021编委会. 中国出版年鉴2021 [M]. 北京：《中国出版年鉴》杂志社有限公司，2022.
③ 长尾理论（美国人克里斯·安德森提出的一种新理论）_百度百科（baidu.com）[EB/OL]. https：//baike.baidu.com/item/%E9%95%BF%E5%B0%BE%E7%90%86%E8%AE%BA/1002.
④ 长尾理论_MBA智库·百科 [EB/OL]. https：//wiki.mbalib.com/wiki/%E9%95%BF%E5%B0%BE.

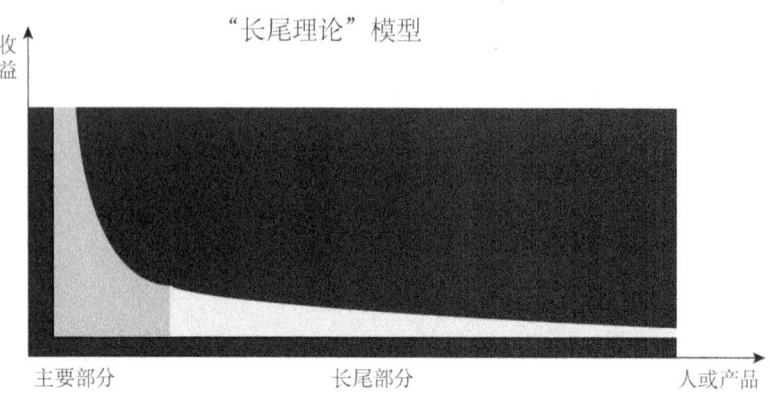

说明：图片来自长尾理论图片_百度百科（baidu.com）

图 7-1　长尾理论

在网络经济时代，传统的"二八定律"已经不适用于电子商务模式下的图书等行业的市场营销现状。"长尾理论"这种新的经济规律，将长期影响无数行业的发展。

基于"长尾理论"，中国学术图书出版企业可以着重关注的着力点，如表 7-7 所示。

表 7-7　"长尾理论"对学术图书出版产业发展的启示

启示	具体着力点
出版小众化	信息获取渠道日趋立体化、广泛化，使得读者心中的阅读欲望不可捉摸。只有面对现实，针对个性化的读者制定选题规划，方为上策。从某种角度而言，小众的学术图书出版意味着专业化，编辑需要越来越专家化，找到市场需求点，在小众领域形成互动，从而出版适合读者需求的图书
按需出版	印数是出版学术图书的风险之一。如果印数超过市场预期，会造成退货或库存，把利润消耗殆尽；反之，供不应求，出现市场断档，错失市场良机。在按需出版技术越来越成熟的今天，只印刷有充足把握的部分，风险留给按需出版加印

续表

启示	具体着力点
销售模式	出版企业—销售商—消费者,是传统的书业分销模式。长远来看,出版企业是有可能绕开销售商的,直接与消费者展开商业交易
头尾转化	在长尾理论图形中,头部无疑是引人注目的。其实,尾部也可以转化为头部。如1988年出版的销售平平的《触及巅峰》借助于互联网,10年后荣登《纽约时报》畅销书排行榜。在这一案例中,除了消费者的潜在需求,也要强调营销的重要地位。或者说,未来的出版企业应该不断完善长尾营销,才能获取更多的商业机会
快捷搜书	网络经济追求海量经济原则,这正是长尾理论的基础,体现在出版销售方面,无限的产品可以面对无限的消费者。在无限的长尾书库中,如何迅速找到目标图书,将是一个新课题

凡事预则立,不预则废。长尾理论也许不是完全治愈中国学术图书出版产业的灵丹妙药,然而,结合行业特点与企业自身的特点,应用长尾理论将为我们带来一个新的学术图书出版世界。[①]

7.3.5 国际传播,落地生根

"十三五"期间,中国出版业在版权贸易上实现了"走出去"的阶段性突破,也扭转了长期国内版权贸易逆差形成的诸多不利状况。然而,"走出去"的图书质量还有待提高,实际效果远未达到理想状态。突出表现在版权输出方面,中国向周边国家和"一带一路"相关国家的版权输出比例有明显增长,而版权引进主要集中在发达国家。

笔者认为,在"十四五"期间,中国出版走向世界需要实现以下六个目标。

---

① 王璐,马新. 从长尾理论谈出版业需要关注的着力点 [J]. 出版参考,2014 (1).

（1）从出版"走出去"转向文化"走出去"；

（2）从"走出去"到扎下去；

（3）从中国周边到全球；

（4）从人文知识表达到多元化思想传播；

（5）从知识传播到价值认同；

（6）从单载体输出到多载体互动。

应该说，要实现上面六个目标，还需要我们中国广大出版人和科研工作者长期不懈地努力和奋斗。让世界听到中国学术的声音，讲好中国故事，出版业承担着义不容辞的重要职责。

在新的历史环境下，如何尊重传播规律，深入研究西方受众的接受习惯，让中国声音能够入主流、传出去、获认同，让中国价值观在世界范围内落地生根，是一项十分艰巨而长期的任务，这也正是"十四五"期间中国学术图书出版企业要持续努力，获得突破性进展的重要方向。[①]

[①] 周蔚华."十三五"时期我国出版管理发展回顾.[J].科技与出版，2020，39(9)：6-17.

结　　语

目前，中国学术图书出版正处在国际、国内社会发展的关键时期，既面临着历史机遇，又面临着巨大的挑战。对于我们出版人来说，如何审时度势，凭借着历史使命感与高度的责任感，抓住历史机遇，加快产业发展，建立一个全新的、完全不同于传统学术图书出版的现代学术图书出版产业，是每一个出版工作者肩上的重任。

日本出版学家清水英夫提出，善于经营，积极发展出版产业的真谛在于：正确的编辑和出版方针，合理及时的市场调查和宣传，畅销的销售渠道，控制降低成本。

笔者认为，以上四点，也正是中国学术图书出版产业健康发展必须正视和改善的重要方面。本书通过回顾改革开放以来，中国学术图书出版的发展历程，现阶段中国学术图书出版存在的主要问题，以及产业发展环境和竞争能力的综合分析，对比美国、英国、日本学术图书出版产业的发展现状，从传播学、经济学等角度，对中国学术图书出版进行了实证研究，得出以下结论。

（1）学术图书出版不同于市场经济条件下一般意义上的商业出版，它有极其鲜明的专业学术特色。

一方面，学术图书出版的宗旨，狭义来说，是通过学术图书出版，为学术研究的存在、发展、繁荣而服务的；广义来说，是为构建和弘扬民族文化、凝聚民族精神、实现中华民族伟大复兴等方面服务的。因此，学术图书出版的宗旨决定它的性质是非商业性和非营利性的。

另一方面，学术图书出版企业必须在适应新时代中国特色社会主义的基础上，寻求生存和创新发展；必须在实践中适应现阶段我国的市场经济环境，学会"适者生存"。所以，它必须讲求"经营"。

（2）现阶段，中国学术图书出版正处于稳健发展阶段，但是学术图书产品缺陷、学术图书出版资源配置不合理、市场营销不够、出版核心能力弱等问题的存在阻碍了学术图书出版产业的进一步健康发展。

（3）中国的学术图书出版产业与行业内的其他出版产业相比，竞争劣势明显。究其原因，主要在于，中国学术图书出版产业发展中自身存在的问题，以及学术图书专业性强，面向"小众"，其市场化程度相对落后于其他图书出版产业，没有进入成熟阶段。随着政府和出版企业逐步重视学术图书的出版工作，同时，面对科教兴国战略下，受众规模和需求的逐年递增，以及学术图书出版企业发展策略和战略上的调整，中国学术图书出版产业表现出强劲的增长势头，有无限巨大的发展潜力。

（4）与美国、英国、日本等学术出版发达国家比较，可以发现，中国学术图书出版产业集中程度低，缺乏实力雄厚的大型国际出版集团。绝大多数学术图书出版企业盲目涉足自己不擅长的出版领域，产品线过长，缺乏出版特色。在销售上90%依然是以传统的新华书店等实体店和网店渠道销售，针对性不强，造成了流通渠道不畅，有效供给不足等发展困境。

以上结论，进一步分析影响中国学术图书出版发展的7个竞争力要素、32个关键指标，提出了发展中国学术图书出版产业的几点建议。

（1）国家应高度重视学术图书出版工作，给学术图书出版企业足够的优惠政策，推行学术图书出版分类管理，完善学术图书出版制度，倡导全民阅读，提高中国国民人文素质。

（2）出版行业协会应增强专业服务功能，一方面将国家的宏观调控信号传递给学术图书出版企业并督促推行；另一方面，将学术图书出版企业在微观管理实施调控过程中出现的情况、问题及时反馈给国家，起到桥梁和纽带的作用。

（3）学术图书出版企业应通过加大市场营销力度，合理利用学术出版资源，实施精品战略，应用长尾理论发展学术图书出版产业，国际传播、落地生根等措施，积极促进自身在市场竞争中发展壮大。

参考文献

[1] 谢新洲. 网络传播理论分析与实践 [M]. 北京：北京大学出版社，2004.

[2] 迈克尔·波特. 国家竞争优势 [M]. 李明轩，邱如美，译. 北京：华夏出版社，2005.

[3] 孙玉玲. 中国学术图书出版发展研究 [D]. 武汉大学硕士学位论文，2004.

[4] 蔡继辉. 中国文化产业竞争报告 [M]. 北京：社会科学文献出版社，2004.

[5] 新闻出版总署计划财务司. 中国新闻出版统计资料汇编（2004）[M]. 北京：中国劳动社会保障出版社，2004.

[6] 罗紫初，汪林中，宋少华. 出版发行学基础 [M]. 太原：山西经济出版社，2000.

[7] 和田洋一. 新闻学概论 [M]. 北京：中国新闻出版社，1985.

[8] 汉斯·赫尔穆特·勒林. 现代图书出版导论 [M]. 北京：商务印书

馆，2000.

[9] 甘惜分. 新闻学大辞典 [M]. 郑州：河南人民出版社，1993.

[10] 辞海编辑委员会. 辞海 [M]. 上海：上海辞书出版社，1999.

[11] 辞源编辑委员会. 辞源 [M]. 北京：商务印书馆，1980.

[12] 现代汉语词典编辑委员会. 现代汉语词典 [M]. 北京：商务印书馆，1996.

[13] 孙树松，林人. 中国现代编辑学辞典 [M]. 哈尔滨：黑龙江人民出版社，1991.

[14] 中国出版科学研究所. 编辑实用百科全书 [M]. 北京：中国书籍出版社，1997.

[15] 《出版事典》编辑委员会. 简明出版百科词典 [M]. 北京：中国书籍出版社，1990.

[16] 中华人民共和国国家统计局. 中国统计年鉴2020 [M]. 北京：中国统计出版社，2020.

[17] 陈昕. 中国书业发展的三个阶段与新出版组织的培育. 中国书业思考 [M]. 辽宁：辽宁人民出版社，2002.

[18] 吴江江，石峰，邬书林，等. 中国出版业的发展与经济政策研究 [M]. 武汉：湖北人民出版社，1994.

[19] 宋原放. 出版纵横 [M]. 上海：上海人民出版社，1998.

[20] 新闻出版署. 印数在3000册以下的学术著作可参照成本定价 [A]. 中国出版年鉴1998 [C]. 北京：中国出版年鉴社，1998.

[21] 中国出版年鉴社. 23家出版社参股组建联合专业图书发展公司 [A]. 中国出版年鉴1996 [C]. 北京：中国出版年鉴社，1996.

[22] 卢宏泰. 营销在中国 [M]. 广州：广州出版社，2001.

[23] 程三国. 中国图书出版业现状观察与未来展望 [M]. 中国书业思考. 沈阳：辽宁人民出版社，2002.

[24] Ganu·K. M. Scholarly Publishing in Ghana：The Role of Ghana Universities Press [M]. Scholarly Publishing, 1999 (4)：13.

[25] Andrew Wheatcroft. The transformation of Marketing, 2003.

[26] 余敏. 出版集团研究 [M]. 北京：中国书籍出版社，2001.

[27] 杨贵山. 欧美书业概论 [M]. 成都：四川教育出版社，2002.

[28] 清水英夫. 现代出版学 [M]. 沈洵澧，乐惟清，译. 北京：中国书籍出版社，1991.

[29] 邬书林. 中国出版业应有更大的发展——新闻出版总署副署长. 邬书林在"2005 北京国际出版论坛"上的专题报告 [R]，2005.

[30] 字秀春. 专家研讨学术著作的出版与推广 [N]. 光明日报，2006-01-26.

[31] 王倩. 学术出版，学术之幸抑或痛？[J]. 中国图书评论，2007，8 (11).

[32] 王倩. 学术普及，学术的第二类姿态？[J]. 中国图书评论，2007，8 (11).

[33] 李伯重. 论学术与学术标准 [J]. 学术批评网，2005-04-12.

[34] 曲家源. 什么是学术性 [J]. 编辑学刊，1993 (4)：67-68.

[35] 蒋希亮. 正是销售好时节，2000 年 7 月全国图书零售市场观测报告 [J]，中国图书商报，2000-08-25.

[36] 肖东发. 出版人才的需求和出版教育改革 [J]. 科技与出版，2007 (4).

[37] 祝晓风. 学术出版的先锋姿态 [N]. 中华读书报，2002-5-17.

[38] 姜小玲. 原创学术著作成为品牌书 [N]. 解放日报，2005-12-13.

[39] 中华读书报记者. 新中国古籍整理出版的回顾与成绩——访全国古籍整理出版规划小组负责人 [N]. 中华读书报，2003-9-10 (3).

[40] 陈昕. 当前中国出版业需解决的六大问题——"2005 中国出版业高

层论坛"演讲［R］. 人民网, 2005-05-19.

［41］落花有意, 流水相迎——全国专业图书出版发行研讨会发言摘要［N］. 中华读书报, 1999-05-05 (3).

［42］约翰·戴维斯. CAPP 提升英国学术与专业出版［N］. 中国图书商报, 2002-03-12.

［43］程三国. 读书即消费［J］. 新周刊, 2003 (1): 32.

［44］胡延平. "九五"期间国家经济政策继续向新闻出版业倾向——新闻出版署计材司吴江江司长接受本报专访［N］. 中国图书商报, 1996-11-01 (1).

［45］许迎辉. 科技出版基金设立十年来的回顾和展望［J］. 编辑之友, 1991 (1).

［46］潘国彦. "协作出版"——多少错误以你为盾牌多少好书待你去催生［J］. 出版研究, 1993 (2).

［47］陈昕. 中国图书出版产业发展阶段研究［N］. 出版商务周报, 2006-07-31.

［48］一鸣. 协作出版面面观［J］. 出版研究, 1993 (2).

［49］经典营销30案例［N］. 中国图书商报, 2008-01-08.

［50］廖建军. 中国出版产业竞争力评价问题研究［D］. 武汉大学博士学位论文, 2006.

［51］方鸣. "东方书林之旅"行动［N］. 中国图书商报, 1995-01-23.

［52］巨资出版工程招标初步完成——世纪集团、复旦大学联手反映改革开放三十年成果［N］. 中国图书商报, 2007-10-30.

［53］轻工社"走出去"战略再次全新实践——《巴黎关系》摄影集中、英、法版本同步出版［N］. 中国图书商报, 2007-11-16.

［54］关于读者对图书市场及相关问题评价的调查［N］. 中国图书商报,

2003-05-23.

[55] 赵立涛. 中国出版产业集团化及其国际竞争力研究［D］. 哈尔滨工程大学管理学博士论文, 2006.

[56] 刘力. 从 BIBF 看中外专业出版之差异［N］. 中国图书商报, 2000-09-15（3）.

[57] 孙寿山. 中国出版业现实竞争力研究分析［J］. 出版发行研究, 2005（6）.

[58] 黄林."盯住'大买卖',赢利巧安排"［J］. 现代教育报·教材周刊, 2005, 11（4）.

[59] 郭志坤. 构建"以学术为本"的出版战略高地［N］. 中华读书报, 2004-12-29.

[60] 王洪波. 冷静面对夹击地方科技出版社加紧寻求"突围"良策［N］. 中华读书报, 2002-12-12.

[61] 刘拥军, 马莹. 总署近日发布 2007 年新闻出版统计资料——07 版全国出版能力四方角逐［N］. 中国图书商报, 2007-11-02.

[62] 杨贵山. 美国学术出版的网络潜力［N］. 中国图书商报, 2003-06-13（12）.

[63] 彭伦. 世界最大免费电子书网站藏书万种［N］. 文汇读书周报, 2003-10-24（2）.

[64] 彭伦. 亚马逊"书内搜索"震动业界［N］. 文汇周报, 2003-11-19（9）.

[65] 于春生. 美国专业出版的三大特征［J］. 出版广角, 2003（9）.

[66] 保罗·理查森. 英国学术出版几家欢喜几家愁［N］. 中国图书商报, 2007-5-28.

[67] 顾犇. 埃尔塞维尔出版社-荷兰出版业的明珠 [J]. 中国出版，1993 (12)：55-56.

[68] 李冰祥. 英国学术图书出版的特点与启示 [J]. 科技与出版，2004 (5).

[69] 李冰祥. 英国学术图书营销的特点与启示 [J]. 大学出版，2004 (2).

[70] 宇痕. 国外批发商如何运作——西方图书发行行业透视之七 [N]. 中国图书商报，1995-7-10 (8).

[71] 黄永华. 英国图书出版业对中国出版的几点启示 [J]. 出版发行研究，2004 (5).

[72] 安华. 美国学术出版社向图书馆和海外促销 [J]. 出版经济，2003 (5)：57.

[73] 杨帆. 学术著作挣大钱——英国《时间简史》引发科学著作热 [N]. 中国图书商报，1995-10-16 (16).

[74] 林万泉. 经典产品的再度开发 [N]. 中国图书商报，2007-11-9.

[75] 陈昕. 出版商纷纷建立北京分支机构 [N]. 中国图书商报，2003-11-14 (1).

[76] 应小雄. 出版社着眼品牌塑造——收缩产品线精选原创力 [N]. 人天书网，2007-11-14.

[77] Sunqingguo. Economics of Chinese Book Market [C]. Publishing Research Quarterly, 2002.

[78] 朱杰人. 学术出版的策略选择 [J]. 大学出版，2007.4（总第56期）.

[79] 虞农. 学术出版"有利可图" [J]. 出版参考，2005.6（下旬刊）.

[80] 《中国图书出版产业报告》课题组. 中国图书出版产业报告（2005—2006）[R]，2007.

[81] 罗紫初. 网上售书, 火爆异常 [J]. 出版科学, 2000 (3).

[82] 王璐, 马新. 从长尾理论谈出版业需要关注的着力点 [J]. 出版参考, 2014 (1).

[83] 中华人民共和国国家统计局《中国统计年鉴 2021》编委会. 中国统计年鉴 2021 [M]. 北京: 中国统计出版社, 2021.

[84] 2019 年度中国出版业发展报告发布 [N], 中国出版传媒网, 2020-01-19.

[85] 朱玉珍. 学术性图书营销的分销渠道策略探讨 [J]. 全国商情, 2014 (3).

[86] 科学出版社. 学术出版哪家强? | 2010—2019 年图书学术影响力报告 [N]. https://www.sohu.com/a/376879171_410558, 2020-3-01.

[87] 许洁, 汪琨禹, 马青青. 基于三大出版领域的出版学基础理论构建探索 [J]. 科技出版, 2019, 38 (10): 104-111.

[88] 谢曙光. 学术出版研究: 中国学术图书质量与学术出版能力评价 [M]. 北京: 社会科学文献出版社, 2018.

[89] 周蔚华. "十三五" 时期我国出版管理发展回顾 [J]. 科技与出版, 2020, 39 (9): 6-17.

[90] 2021 年出版行业发展研究报告 [EB/OL], (2016-03-16). https://new.qq.com/omn/20211214/20211214A0ALC500.html.

[91] 前瞻产业研究院. 2020 年中国新闻出版产业市场现状及发展趋势分析出版业融合发展是趋势 [EB/OL]. (2021-02-21). https://bg.qianzhan.com/trends/detail/506/210220-d5372ca2.html.

[92] 中国人为什么不愿意买书? 河北新闻网 [EB/OL]. (2011-04-12). http://comment.hebnews.cn/2011-04/12/content_1872706.htm.

[93] 宋应离，刘小敏. 亲历新中国出版六十年［M］. 河南大学出版社，2011.

[94] 刘芳，朱沙. 学术期刊与学术成果影响力主要评价指标差异性研究——以 Nature 期刊为例［J］. 情报杂志，2015.

[95] 亢姿爽，黄璜. 中国学术出版哪家强？——2010—2019 年中国出版机构图书学术影响力报告［J］. 出版人，2020.

[96] 中国出版年鉴 2021 编委会. 中国出版年鉴 2021［M］. 北京：《中国出版年鉴》杂志社有限公司，2022.

[97] 中国出版年鉴 2020 编委会. 中国出版年鉴 2020［M］. 北京：《中国出版年鉴》杂志社有限公司，2021.

[98] 肖贵飞. 我国学术图书营销探析［D］. 湖南师范大学硕士论文，2007.

[99] 朱杰人. 学术出版的春天还有多远［J］. 出版与参考，2007.

[100] 朱杰人. 学术出版的策略选择［J］. 大学出版，2007.

[101] 李伯重. 论学术与学术标准［J］. 社会科学论坛，2005.

[102] 余悦. 赣籍学术名家研究的学术史意义［J］. 江西社会科学，2005.

[103] 赵劲. 中国出版理论与实务［M］. 北京：中国书籍出版社，1999.

[104] 陈昕. 中国出版产业论稿［M］. 上海：复旦大学出版社，2006.

[105] 刘爱灵. 中国科技出版业创新策略研究［D］. 对外经济贸易大学硕士论文，2004.

[106] 刘观涛. 经典营销 30 案例［J］. 中国图书商报，2008.

[107] 谢尘明. 中国图书行业及四川中小学教辅图书市场研究［D］. 西南交通大学硕士论文，2006.

[108] 肖佳. 计算机绘图实用教程［M］. 长沙：中南大学出版社，2004.

[109] 廖建军. 中国出版产业竞争力评价问题研究 [M]. 长沙：湖南师范大学出版社，2006.

[110] 中国出版科学研究所出版业年度分析报告课题组. 2002—2003 中国出版业状况及预测 [J]. 出版发行研究，2003.

[111] 魏宏. 学术性图书营销的分销渠道策略研究 [J]. 中国集体经济，2014.

[112] 艾瑞咨询. 2020 年中国图书市场研究报告 [J]. 艾瑞咨询系列研究报告，2021.4.

[113] 董永昌. 电子文件与档案管理 [M]. 上海：百家出版社，2001.

[114] 罗紫初. 出版发行学基础 [M]. 太原：山西经济出版社，2000.

[115] 前瞻产业研究院. 2020 年中国新闻出版产业市场现状与发展趋势分析 [EB/OL]. [2020-11-23]. https：//www.toutiao.com/article/689813446529.8645517/.

[116] 刘拥军，马莹. 07 版全国出版能力四方角逐统计资料 [N]. 中国图书商报，2007.

[117] 韦铀. 论因特网对图书出版的影响 [D]，广西大学硕士论文，2006.

[118] 魏玉山. 政策红利、主题出版、融合发展：2019 年度中国出版业发展报告 [N]. 中华读书报，2020.

[119] 罗紫初. 出版学导论 [M]. 武汉：武汉大学出版社，2014.

[120] 黄群慧，郭朝先，刘湘丽. 中国工业化进程与安全生产 [M]. 北京：中国财政经济出版社，2009.

[121] 蔡继辉. 中国图书出版产业国际竞争力分析 [J]. 出版经济，2004.

[122] 李娜. SWOT 分析应用于竞争情报活动的实例研究——SWOT 分析

与"赛特"之成功［J］. 情报理论与实践，2000.

［123］赵新，刘培一. 科技期刊发展战略的 SWOT 分析与思考——以中国科学院文献情报中心主办期刊为例［J］. 中国科技期刊研究，2005.

［124］孙宇，王关义. 运用波特的集群"钻石"模型浅析中国出版业国际竞争力［J］. 科技与出版，2007.

［125］陈铭. 战略性选题策划与 SWOT 分析法［J］. 编辑之友，2002.

［126］李冰祥. 英国学术图书出版的特点与启示［J］. 科技与出版，2004.

［127］吴悦. 专业出版何时浮出水面？［N］. 中国经营报，2005.

［128］保罗·理查森. 英国学术出版：几家欢喜几家愁［N］. 中国图书商报，2007.

［129］阙道隆. 中国编辑研究 2005［M］. 北京：人民教育出版社，2005.

［130］黄永华. 英国现代图书出版业的特点及对我国出版业的启示［J］. 出版发行研究，2004.

［131］魏龙泉. 独特的美国医学图书市场［J］. 科技与出版，1997.

［132］王占波. 出版社整合营销管理探析［D］. 北京印刷学院硕士论文，2006.

［133］孙义清. 好酒还需勤吆喝——学术类图书的营销观念与模式［J］. 编辑学刊，2007.

［134］陶明远. 英国图书出版新趋势［J］. 出版发行研究，2000.

［135］肖贵飞. 我国学术图书营销探析［J］. 出版发行研究，2007.

［136］顾犇. 荷兰出版业的明珠——埃尔塞维尔出版社［J］. 中国出版，1993.

［137］刘桂云. 直面终端读者——专业出版的终端客户分类管理［J］. 出版参考，2004.

[138] 蓝有林, 孙珏. 地科社着眼品牌塑造 [N]. 中国图书商报, 2007.

[139] 杨为民. 社会阅读, 谁在推动? [N]. 中国新闻出版报, 2006.

[140] 仪修出. 博物馆国际合作中跨文化身份构建与传播策略探析——以美国和摩洛哥博物馆链接项目为例 [J]. 对外传播, 2020.

[141] 刘箴言. 学术专著的营销 [J]. 科技与出版, 2002.

[142] 克里斯·安德森. 长尾理论 [M]. 北京: 中信出版社, 2006.

[143] 刘箴言. 漫话学术与专著营销 [N]. 中国新闻出版报, 2002.

[144] 王曼. 公共图书馆与大众阅读 [J]. 贵州社会科学, 2007.

[145] 田雁. 日本的大学出版社及学术出版 [J]. 科技与出版. 2016 (9).

[146] 小野利家. 大学出版部の経営問題とエディターシップ [J]. 大学出版, 2012 (4): 1-5..

[147] 名古屋大学出版会.科学研究費補助金研究成果公開促進費「学術図書」に関する要望[EB/OL](2016-04-21). http://www.unp.or.jp/topic09032402.

[148] 三浦義博.日本の大学出版部における組織運営形態[EB/OL](2016-04-21). www.ajup-net.com%2Fweb_ajup%2F072%2F72T2. shtml.

[149] 吴悦. 专业出版何时浮出水面? [N]. 中国经营报. 2005-5-29.

[150] 刘银娣. 欧美大型学术出版机构营销战略研究 [M]. 广州: 华南理工大学, 2011.

[151] 雷群明. 名家与名编: 编辑修养十日谈 [M]. 上海: 上海科技教育出版社, 2002.

[152] 郝杰. 何时走出教科书笼罩 [N]. 中国图书商报, 2005 (2).

[153] 满福玺. 民族出版业发展导论 [M]. 北京: 中央民族大学出版社, 2007.

[154] 易图强. 出版经营管窥 [M]. 长沙: 岳麓书社, 2009.

[155] 沈虹. 美国学术出版现状 [J]. 中国出版, 2021, 12 (22): 103-105.

[156] 中国新闻出版广电网. 新闻出版广电总局重申严格执行图书"三审三校"制度 [EB/OL] (2018-08-17) www.xinhuanet.com/zgjx/2017-08-17/c_136532760.htm.

[157] 商务君. 总局下发《关于开展出版物"质量管理2017"专项工作的通知》[N]. 出版商务周报. 2017-03-09.

[158] 新京报. 国家统计局: 全国人口中大学文化程度人口为 218360767 人 [EB/OL], [2021-05-11]. https://baijiahao.baidu.com/s?id=1699426471371396389&wfr:Spider&for=pc.

[159] 日本内阁府下属经济社会综合研究所发布的数据报告 [EB/OL], https://www.esri.cao.go.jp/jp/sna/menu.html.

[160] 美国、日本、德国、英国近 5 年出版市场数据报告来了 [N]. 中国出版传媒商报, 2021-04-08.

[161] "十三五"收官在即, 出版业收成如何? 用数据说话 [N]. 中国出版传媒商报, 2020-12-30.

[162] "十三五"期间我国图书版权贸易数据分析 [EB/OL], [2020-12-09]. https://www.sohu.com/a/437261524-120060294.

[163] 最新国际书业报告发布, 美德英法日韩等 10 国书业日子好过不 [N]. 中国出版传媒商报, 2021-09-17.

[164] 2020 年日本图书市场销售客员同比增长 4.8% [N]. 出版商务周报, 2021-03-18.

[165] 新闻出版行业高新技术企业将享受国家优惠政策 [N]. 中国新闻出版报, 2009-01-06.

［166］2018年图书行业政策汇总（附图书出版企业一览）［N］.中商产业研究院，2018-01-23.

［167］陈正雄.简焱学术图书出版机制的建立［J］.出版发行研究，2010（6）.

附录 A　图表索引及相关网站信息

图索引

图 0-1　研究内容结构图

图 1-1　学术图书出版的双重制约特征

图 2-1　TOP100 出版单位类型分布及图书总被引频次

图 3-1　2019—2020 年中国线上图书用户购买金额

图 3-2　2018—2020 年中国线上图书用户人均购买金额增速

图 4-1　2014—2019 年中国图书出版物零售量及金额

图 4-2　2014—2020 年中国图书市场规模

图 4-3　出版企业发展指标分析

图 4-4　2021 年中国图书市场结构

图 4-5　零售渠道中动销图书规模情况（开卷供图）

图 4-6　实体店销售趋势低迷，网店渠道大促高点不高（开卷供图）

图 4-7 零售渠道中一级细分市场码洋比重情况（开卷供图）

图 4-8 2011—2019 年国民阅读率的变化情况

图 4-9 2015—2019 年中国数字出版产业营业收入统计及增长情况

图 4-10 2019 年中国新闻出版产业细分类别营收增速统计情况

图 4-11 信息传播过程

图 5-1 SWOT 分析过程

图 5-2 迈克尔·波特的产业竞争力"钻石"模型

图 5-3 关键指标［销售收入（亿）］比较（2003 年）

图 5-4 关键指标［销售收入占 GDP 比重%］比较（2003 年）

图 5-5 关键指标［年出版新书总数（种）］比较（2003 年）

图 5-6 关键指标［城市人口比重（%）、大学生粗入学率（%）］比较（2003 年）

图 5-7 关键指标（创造、经营人才整体素质）比较（2003 年）

图 5-8 关键指标（出版市场开放程度、出版业对外资吸引程度）比较（2003 年）

图 5-9 关键指标（人文发展指数、出版资源开发利用程度）比较（2003 年）

图 5-10 关键指标（人均 GDP）比较（2003 年）

图 5-11 关键指标（人均 GDP 增长率%、1993—2002 年经济增长率%、城镇居民文化娱乐支出比重、图书读者的成熟度）比较

图 5-12 关键指标（出版社的产业化程度、出版社的管理水平、出版产业政策的科学性、国家知识产权保护度、出版业法律法规完善度）比较（2003 年）

图 5-13　2015—2019 年中国出版业营业收入及占中国 GDP 比重

图 5-14　2015—2019 年中国出版业营收增速与中国 GDP 增速比较

图 5-15　2015—2019 年中国纸介质出版规模

图 5-16　2015—2019 年中国纸介质出版营业收入

图 5-17　2015—2019 年中国图书出版总印数

图 7-1　长尾理论

表索引

表 1-1　美国编辑界对学术出版的"学术"的界定标准

表 1-2　中国编辑界有代表性的界定标准

表 1-3　图书出版分类构成情况（2020 年）

表 1-4　学术图书按选题资源分类

表 1-5　按图书结构分类

表 1-6　按用途分类

表 1-7　按主要读者群体分类

表 1-8　按信息载体形式分类

表 1-9　按传播载体形式分类

表 1-10　学术图书的出版功能

表 2-1　2010—2019 年各一级学科图书出版数量与被引频次

表 2-2　2010—2019 年出版单位首次图书出版总被引频次 TOP20

表 2-3　2010—2019 年中央（部委）出版社首次图书被引用频次 TOP10

表 2-4　2010—2019 年大学出版社首次图书被引用频次 TOP10

表 2-5　2010—2019 年地方出版社首次图书总被引频次 TOP10

表 2-6　2010—2019 年各一级学科出版图书总被引频次 TOP3 出版单位情况一览

表 3-1　读者对图书市场缺憾度的认知

表 3-2　2020 年用户购书情况一览

表 3-3　2002—2003 年中国出版产业市场集中度

表 3-4　2022 年 2 月开卷监测的科技类动销品部分出版集团主体分布表（前 37 位）

表 3-5　2022 年 2 月开卷监测的科技类动销品部分出版单位主体分布表（前 500 位）

表 4-1　国民经济和社会发展总量与速度指标节选信息（资料来源：中国统计年鉴——2021）

表 4-2　2009-2019 年图书出版行业收入构成（单位：亿元）

表 4-3　2019 年出版新书及重印书品种情况

表 4-4　2019 年出版图书品种部分门类占比情况

表 4-5　2019 年新闻出版单位情况

表 4-6　2019 年中国成年国民媒介阅读情况

表 4-7　2019 年中国出版物出版数量、增长率及占比统计情况

表 4-8　第十八次全国国民阅读调查结果

表 4-9　中国科技发展相关指标统计（万人）

表 4-10　普通高等学校教师和学生数统计（万人）

表 4-11　科技类出版社出版能力排行榜

表 4-12　2020 年各科技类出版社码洋排名 TOP10

表 4-13　社科类出版社出版能力排行榜

表 4-14　2020 年社科类出版社码洋排名 TOP10

表 4-15　2020 年经法类出版社码洋排名 TOP10

表 4-16　高校出版社出版能力排行榜

表 4-17　2020 年高校出版社码洋排名 TOP10

表 4-18　31 个省（市、区）出版社比重

表 4-19　总体经济规模综合评价前 10 位的地区

表 4-20　中国图书市场传统的流通渠道

表 4-21　中国学术图书渠道发行不理想原因

表 4-22　各地区每 10 万人口中接受大学（大专以上）教育程度人数统计

表 4-23　东、中、西部及东北地区国民经济和社会发展主要指标（2019 年）

表 5-1　SO、WO、ST、WT 含义

表 5-2　竞争态势分析矩阵

表 5-3　迈克尔·波特的产业竞争力理论的四个阶段

表 5-4　迈克尔·波特的产业竞争力理论四个基本因素

表 5-5　中、美、英、德、日五国图书出版业竞争力各项指标对比

表 5-6　中国学术图书出版产业优/劣势分析

表 5-7　中国学术图书出版行业存在的机会与威胁

表 5-8　中国学术图书出版产业竞争态势分析

表 6-1　美国"专业立社"出版社代表

表 6-2　英国六家大型学术出版社经营方向

表 6-3　英国学术出版主体资源国际化优势及范例

表 6-4　2011 年到 2015 年日本电子图书市场规模统计

表 6-5　日本学术图书出版社采用的两条电子化通路

表6-6 日本三大综合出版社销售收入构成（2013年度）

表7-1 有必要推行学术图书出版分类管理的原因

表7-2 完善学术图书出版制度举措

表7-3 学术图书产品策略

表7-4 学术图书营销推广方式

表7-5 学术图书出版可以利用的高新技术

表7-6 向外寻求学术图书出版资源的方式

表7-7 "长尾理论"对学术图书出版产业发展的启示

相关网站

百度百科	http://baike.baidu.com
学术批评网	www.acriticism.com
中国图书商报	www.cbbr.com.cn
中华读书网	www.booktide.com
人天书网	www.rtbook.com
中华人民共和国国家统计局网页	http://www.stats.gov.cn
中国出版网	http://www.chinapublish.com.cn
中国图书馆学会网页	http://www.lsc.org.cn/CN/
人民网	www.people.com.cn
中华传媒网	www.mediachina.net
星岛环球网	www.singtaonet.com
新闻出版教育网	http://www.nppn.com.cn/
中国图书评论网	http://www.cbr.org.cn/

中国图书出版网	http://chinabook.gapp.gov.cn
中国互动出版网	http://www.china-pub.com
读书网	http://www.dushu.com
中国出版服务网	http://www.chushu.com.cn
前瞻产业研究院	https://bg.qianzhan.com/

附录 B　学术图书出版面面观

在本书的写作过程中，感谢不少读者、作者和出版社的同人给予的大力支持。下面精选了部分对学术（专业）图书出版发展的一些观点和建议，以供读者借鉴参考。

一、读者（科研人员）视角

学术图书出版研究，在业内属于图书方法论创新。图书是前人对丰富经验的归纳总结，是前人认知世界规律后的系统化呈现。该书有利于读者在短时间内提升认知水平，了解本专业的过去与现状，对未来创新发展多一分把握。

——张罗平，清华大学能源互联网创新研究院研究员

近十年来，中国信息技术相关行业取得了飞速的发展，信息技术类的学术专业书籍对经验、知识、理念的传播与沉淀起到不可估量的作用。然而，整体来看国内信息技术领域的图书质量和奥莱利（O'Reilly）之类的出

版商还是有一定差距的。

一本好书首先应当有明确读者受众群体，内容组织结构上要先能够从一个宏观的层面去讲述某种技术/架构的发明是为了解决什么问题的，接着再去简述原理和最佳实践。很多书籍在背景介绍及痛点解决方面一带而过，直接就把读者带入了无尽的细节。

同时，一本好书应当有它的原创性，应当是作者多年基于自身理解，融会贯通之后写出来的。这样的书通常行文流畅，观点鲜明，通俗易懂，而不是四处摘抄，高度雷同的引用。

我理解，一本好的学术专业书同时也应当像一张地图，为读者进一步的深入探究指明方向。

——Crab，微软 Senior Software Development Engineering

从读者角度来说，科技大发展让细分领域之间"隔行如隔山"的现象越来越常见，越来越讲究终身学习。但互联网上的知识相对来说比较零碎，而且微博、知乎、头条等内容供应商多依赖算法推荐的方式进行宣传，反而形成知识茧房。所以，对新技术领域建立系统性认知的最快途径，肯定是读书。读完以后，再通过互联网手段补充完善这方面的知识体系。

从作者角度来说，写技术书籍和写技术博客、写公众号，是完全不一样的体验。博客通常针对某个具体现象，深入解释和探究现象背后的细节，甚至直接贴代码——读者从网页复制代码也确实方便。但当你写了几十篇博客文章，自认对该领域确实有所了解的时候，从头整理一份书籍大纲，依然会发现很多新的未知点，很多原先想法不成熟的地方，并通过写书的过程，整理完善自己的知识，最后体系化输出，既提升了自己，也帮助到后来的读者。

——饶琛琳，日志易产品副总裁，前微博系统架构师

学术类图书是图书市场中至关重要的一个分类，也是诸多从业者交流和汲取知识的宝贵来源。了解学术类图书的历史现状，直面其所面临的问题并提出应对之策，从而更好地迎接未来，显然是一件极具价值的事情。此外，作为一名已出版多本学术类图书的作者/译者/读者，窃以为，学术类图书应该紧追时代和技术前沿，勇于探索，积极进取，主动承担起传播先进技术、思想，以及知识的重任，为社会进步和人类发展作出应有的贡献。

——史跃东，Oracle 云计算架构师、资深售前技术顾问

近些年，以 AI 技术、量子计算、5G 等为代表的新技术在引领 IT 技术的发展方向。无论是在国内，还是在海外，都是热潮一片。在出版界，与这些技术相关的图书也是"热浪如潮"。

刘志红是一位痴迷于技术的专家型才女。她既懂 IT 技术，又了解出版行业。她的这本书从专业出版人的角度审视学术图书出版的现状和困惑。希望这本书的出版，能够进一步促进国内原创技术图书的出版和行业人员的技术交流，为加速技术生产力的转换发挥作用。

——王坤，中国电信天翼云解决方案专家

对于曾经在高校任教的人来说，学术图书并不陌生。这些图书在作为学生教材的同时，也具有较高的学术价值。这些图书往往包含许多科研成果，在某个领域有所创新，或者提出了新的问题，开阔了他人在该领域的视野，建立了新的理论。这些学术图书往往对实际工作有着巨大的指导作

用。因此，大力推动我国学术图书的出版工作，不但可以提高高校相关学科的教学质量，对我国的生产工作也有着非常重要的指导意义。在学术图书出版过程中，应该对图书的选题质量有严格的控制与管理规程，这对学术图书出版的研究非常重要。

——殷海英博士，Oracle 资深咨询顾问

学术图书是社会发展所需要的重要信息资源，在我国经济社会正面临空前数字化转型的当下，梳理基于学术图书出版的问题、环境与态势，是打地基的基础工作，也是揽全局的探索实践。《中国学术图书出版研究》适时地补了短板，填了空白。

——韩举科，中国通信工业协会副会长，物联网应用分会会长

作为大学一名教师，我经常阅读学术图书。在我看来，学术图书对于系统、快速、全面地了解一个专业领域至关重要。关于目前学术图书出版存在的问题，我想谈几点看法。首先，我最关心的是学术图书的质量，例如观点、参考书目和潜在的理论依据——有些图书这方面是不够的。其次，有些学术图书的主题缺乏适当的论据。最后，部分学术图书的编排（章节和插图，以及它们的逻辑联系）是晦涩难懂的。

这些只是我个人的一些看法，仅供参考。我想说的是，学术图书不是图书馆书架上的神秘文物；它们有助于我们对学术的理解，以及我们将成为什么样的人！

——Jeffref Shih

作为一个非出版专业的外行谈这个问题似乎有些不妥，只能作为一个

学术爱好者，谈一下个人对这一问题的粗浅、直观感受。

第一，市场对于学术专著不甚青睐。当下的纸质书籍阅读者更为青睐的是能够直接满足其精神需求的书籍，以及对其有直接帮助的工具书。一般的读者对于专业类的学术书籍兴趣不大。需求端的相对狭小导致了作者缺乏进行学术专著创造的动力。

第二，很多学术专著确实距离现实有一些距离。一些学术理论确实具有很好的普适性，但可能在兼顾有针对性地解决现实问题方面有所缺乏。同时，互联网和自媒体的发展使得广大用户对于在多种传媒手段下接受知识更有主动性。如何解决这一问题可能也是学术专著的相关方——作者、出版企业及读者共同思考的问题。

——吴桐，四川省国资国企数字化转型特聘专家

二、作者（科研人员）视角

今天我们很少阅读几百年前的学术论文，却经常会阅读几百年前甚至几千年前的书籍。可见，书籍对于知识的积累、沉淀、传播和传承具有不可替代的作用。然而，今天愿意著书的学者并不多，大家更青睐于发表学术论文。也许是因为科学技术发展日新月异，但更可能是因为今天的学者们疲于应付各类申请、考核、评审，没有时间静下心来思考学科深层次问题的内涵与外延。期待未来的学术界能慢一点，让大家多一些时间来思考与著书。

——包云岗，中国科学院计算技术研究所研究员、博士生导师，中国开放指令生态（RISC-V）联盟秘书长

学术图书出版能够放大学术交流效应，是推动融合创新和高质量发展

的重要途径之一。在信息爆炸的时代，学术图书出版可以秉承价值为本、效率优先、多元呈现的发展模式，及时地将中国学者的知识创新和智慧贡献以适应当前人们阅读习惯的方式进行广泛传播，在提升产业竞争力的同时，强化学术引领能力和话语权。该书为此做出了系统且深度的思考。

——胡向东，重庆邮电大学教授、博导

学术图书出版是作者思想的表达与传播，学术出版与学科体系、学术体系建设之间互为依托和支撑。在时代迅速发展的背景下，学术图书出版也面临着不同的要求与挑战。学术出版应紧跟学术界动态热点以顺应知识日新月异的发展，学术图书出版应做好选题把关，以保证内容的专业性与有效性，互联网技术的发展对学术出版方式也提出了新要求。形成对中国学术图书出版的规律性认识，能够实现知识产品真正的价值，提升中国学术出版质量和水平，最终实现国家推动文化和技术强国的战略目标。

——郑凤，北京邮电大学副教授、博士生导师

随着中国的综合国力的不断上升，国内高校和科研机构的实力也逐渐增强，这对促进国家知识经济发展起到了重要作用。同时，在出版界也成长出了由大学和科研机构出资的学术图书出版社。学术图书出版已是国内出版社的重要组成部分，也成为科技强国的重要学术力量。

在建设社会主义文化科技强国背景下，提升学术出版质量具有紧迫性和必要性。刘老师的《中国学术图书出版研究》一书，从新闻传播学和经济学的视角，通过调查研究、比较研究及现状分析等研究方法对中国学术图书出版产业存在的问题、发展环境、竞争态势等问题进行了实证研究。在对评价结果进行分析的基础上，从国家、行业协会和学术图书出版企业

运作等层面，对当前中国学术图书出版的发展提出了科学的指导策略，非常值得从事学术图书出版工作的同行阅读和参考。

——郑光远，上海建桥学院博士、副教授

作为一名高校科研工作者，我既是学术图书的消费者，也是学术图书的作者。关于当前我国学术图书出版中的问题，想简单谈几点想法。首先，我个人认为学术图书是研究生或专业技术人员进行系统学习或快速全面了解一个专业领域的最有效途径。但是，本人在给研究生推荐不同研究方向上的入门学术图书时有一些苦恼，主要是部分学术图书的内容撰写质量较差、不够专业和全面，很多图书的题目和内容又比较重复、鱼目混珠，挑选一本高质量的学术图书给学生都相当耗精力。其次，部分5年内甚至3年内出版的专业领域知名学者撰写的学术图书，出版社也不再加印，市面上处于绝版的状态，只能在旧书网站或旧书店里面淘到，感觉发行和流通渠道不够通畅。此外，作为学术图书的作者，明显感觉到出版界与学术界的联系不太紧密，编辑与作者的初次接触通常是作者有出书想法之后，缺少系统和学术方面的沟通，并且出版社也基本不会对专著等学术图书开展营销活动，一定程度上限制了学术图书的流通。以上仅是本人的一些个人感受，仅供参考。希望我国学术图书出版能够获得更多的关注，在日后有更长足的发展和进步。

——刘骅锋，华中科技大学副研究员、博士生导师

与大众出版和教育出版不同，学术出版作为学术研究的衍生是学术生产链条不可或缺的一环。考虑到学术图书受众面窄，学术出版创造的经济效益远远无法同大众图书比较，因此，学术出版更追求学术价值和社会效益。如何保证学术图书出版质量，促进形成有效支撑和保证国家经济发展

所需要的知识体系，建立一个全行业认可的学术出版规范成为目前急需解决的关键问题。

——朱海华，南京航空航天大学博士、硕士研究生导师

一本研究图书出版的书，这个立意本身就很有意义。时代在发展，很多传统的内容有了新的载体，但本质没有发生变化。学术图书的本质是什么？是出版价值、产业运作，还是社会效益、经济效益？这些学术图书出版中最重要的问题，正是本书要解析给读者的内容。

——于琪，西门子中国研究院前沿自动化研发总监

把学术成果播撒在祖国大地上，学问赖之以成，人才赖之以兴，民生赖之以兴。经过多年发展，学术论文已形成了专业化、规范化、体系化的评价制度，而学术图书领域尚缺少相应的环节。因此，如何尽快提高学术图书质量、构建学术图书评价体系，对我国学术图书出版行业发展至关重要。刘志红老师的《中国学术图书出版研究》一书，从多角度对中国学术图书出版行业存在的问题、发展的方向进行了梳理与研究，对我国学术图书出版的发展水平具有重要意义。

——申冲，中北大学仪器与电子学院教授、博士生导师

学术图书出版是对学问的研究、总结与传播，对于知识的交流、传承和发展具有重要的意义。学术图书需要作者在大量阅读、调研的基础上，融合自身的深度思考，对知识体系进行新的总结、凝练和升华，因此学术图书出版有着比其他类别的出版更高的要求、更严的规范，其发展任重而道远。当前学术图书出版正面临数字化换转型等机遇和挑战。学术图书出

版的现状如何？改革开放以来，我国学术图书出版经历了哪些标志性阶段？历程如何？新时代学术图书出版的内容、方法及创新有哪些？当前学术图书出版发展中遇到的主要问题有哪些？发展环境如何？竞争能力如何评价？相较国际先进水平，我国学术图书出版产业的优势、劣势有哪些？从国家、行业协会和学术图书出版企业运作等层面，如何有效加快我国学术图书出版的发展，提升产业竞争力？就上述问题，作为电子工业出版社首席策划的刘志红，将发挥其IT和出版行业的从业优势，从专业出版人的视角，通过该书引导读者进行深入思考并探寻科学的答案。

——熊轲，北京交通大学教授、计算机与信息技术学院副院长、信息通信网络研究所所长

当前出版业进入数字化、电子出版物时代，学术专著出版物也面临严峻挑战。

一是作者选题、出版积极性不足，数量逐年下降。

分析一下目前我国作者撰写学术专著的主要目的，不外乎以下几点：（1）总结、展示作者多年的科研成果，供学术交流；（2）职称晋升，或进一步提升、奠定自己的学术地位；（3）科研项目结题需要。

首先，欲出版的目的性都非常强。如果一位作者没有这些需求，在短时间内，是不会去考虑完成一本书的，因为需要投入的精力非常大。其次，目前我国的科研考评、职称评定体系对书的评价微不足道，例如在高校的教授、副教授职称评定时，把论文放到首要地位，而对于著作、专利的要求放到了次要地位，这对于原本就不景气的学术专著出版来说更是雪上加霜。

二是作者投入产出比太低，积极性不高。

作者撰写学术专著需要投入大量的成本，一部著作往往是多年知识、技术和实践的积累，要把它整理成册，或上升到理论水平，往往需要数月或数年的时间成本；并且需要投入大量的精力、体力。

而这些著作由于专业性强、读者群体少，发行量往往很小，作者得到的稿酬很少，有时甚至还没有自己投入的直接费用多，出现成本、收益倒挂。

三是出版社积极性也不高。这些著作由于专业性强、读者群体少，发行量小，加上纸张、印刷出版成本的上涨，出版社的利润非常低，积极性不高。有些出版物，甚至要求作者自己承担出版费用，这就进一步减少了选题的来源。

当今学术专著出版面临的形势非常严峻。学术专著出版经营中面临的问题与对策如下。

国家要正视学术专著出版面临的问题，不能让学术著作出版业慢慢萎缩下去或者破产。不能把这些问题仅仅看作出版市场问题，而且应当在战略高度重视学术著作出版问题，因为科学、技术要发展，没有学术著作等科技出版物是不可想象的。有关部门应该在职称晋升、成果评定、奖励、资助等给出政策，提高作者的积极性，首先解决课题来源问题。

出版社也应该改变经营策略，做好专业营销。第一，学术专著有个特点，作者即是读者，读者有可能是将来的作者，圈子很小。那么在营销上，应当特别有针对性。在不断整理收集学科内专家信息的基础上，针对他们，点对点发送图书信息。还可以在学术期刊上刊登书讯、学术会议上专业营销、学术网站上刊登书讯等。第二，针对机构客户要做好服务，如图书馆、资料室，除了信息的及时推送，还要注意做好客户服务。第三，网站销售。这个平台的营销也不容忽视，如组织定期的专题活动、完善图书信息、做精彩的编辑推荐、转载用户书评，同时还要及时查缺补货。

国家有关部门、出版社、作者、读者都是学术著作出版业重要因素，四位一体，共同努力，才能改变学术著作出版下滑的趋势，一个蒸蒸日上的学术著作出版业对国家的科技进步有着强大的促进作用。

——刘国良，黄河交通学院教授

三、出版界同人视角

人对事物的认识是一个由实践到理论，再由理论到实践的过程。作者从事出版工作多年，策划出版了多部优秀图书，有的荣获国家大奖。但她不满足于工作中取得的成绩，她还要把工作中的心得体会提升到理论高度，多年来孜孜不倦，深耕细作，因此才有了面前这本书。这本书的内容从实践中来，上升到理论，符合认识的发展规律，必然会对出版界同人有所帮助。作者愿把多年来的心血之作公诸同行，善莫大焉。

——万方正，人民日报出版社编辑

目前国内的学术图书出版面临诸多困境，如学术出版投入不足、资源配置不均衡、营销观念落后、渠道单一，技术及资金缺乏等，个人认为学术图书出版机构应努力适应新环境、拥抱新技术、迎接新挑战，寻求数字化转型最佳发展路径，使中国学术图书出版的核心价值得以体现。一本学术专著是作者长期学术积累和辛勤思考的结晶，希望能出现更多像刘志红老师这样深入研究和持之以恒的从业者。

——陈勇，《中国机械工程》编辑部副编审

接入国际互联网后，中国的互联网迎来了长达近30年的黄金期。相应地，中国的 IT 图书市场也经历了持续的高速增长。然而，近几年中国 IT 图书市场的增长逐年放缓，2022 年的放缓趋势尤为明显，大有可能成为由升转降的拐点。我从事 IT 图书出版近 20 年，从未感到市场像今年这般艰难。

大致分析了一下，主要有如下几个方面的原因：（1）读者获取知识的途径发生变化，图书逐渐被边缘化；（2）技术发展进入成熟期，缺乏结构性机会；（3）需求端，存量市场减少，增量市场后劲不足。

面对当下这种情况，IT 图书出版业应该怎么办？在我看来，核心要做到如下几点。

第一，分析政策，找准大方向。

近几年，全球政治环境的不断恶化给 IT 技术的发展带来了深远的影响。毫无疑问，我们需要尽快摆脱对国外 IT 技术的依赖，要坚定不移、克服万难实现 IT 技术自主可控。对于出版而言，国有自主知识产权技术方面的出版将会有越来越多的机会。

今年是我国"十四五"规划的第二年，在"十四五"规划中，以数字技术为代表的 IT 技术占有极其重要地位。如果仔细分析"十四五"规划，我们也能发现 IT 产业未来的重心和走向。

第二，强化内功，高质量发展。

当一个企业在高速增长时，很多问题都会被掩盖或视而不见；当企业的业绩开始下滑时，各种问题就会暴露。对于一个行业而言，也是如此。IT 图书市场增长乏力，我们也能发现这个领域存在各种问题，其中最突出的就是内容质量不够好、企业的经营手段相对落后。要想扭转颓势，首先要转变思想，靠品种占领市场的时代已经过去了，一定要从选题源头优化质量；其次要学会跨界，向其他行业，尤其是网络知识付费行业，学习先进的经营理念和方法。

第三,深耕需求,挖掘新赛道。

对于需求侧而言,除了学习途径、读者数量有变化外,读者的需求也在不断变化。其中最明显的一个变化是:过去我们只要把某一种 IT 技术在书里讲明白了,读者就能买单;如今,这类书越来越不受读者欢迎,因为读者的真实需求不是技术本身,而是使用该技术去解决的实际业务问题。所以,我们不仅要紧跟 IT 技术的发展趋势,而且要深入了解各行各业,为读者提供技术与业务解决方案相结合的内容。如果我们的内容延伸到各行各业,是不是会有大量的新机会?

——杨福川,机械工业出版社华章分社副总编

学术出版有几百年的漫长发展史,但从 20 世纪 70 年代起,经过短短 50 年的收购兼并形成了五大学术出版巨头:Elsevier(爱思唯尔)、Springer Nature(施普林格·自然)、Wiley(约翰威立国际出版集团)、Taylor& Francis(泰勒弗朗西斯集团)、Sage(塞奇出版公司)。全球每年一半以上的论文在这五家出版集团发表,大多采用作者付费发表,同行评议,读者付费订阅的运作机制。根据 Outsell 公司的数据,2019 年全球科学、技术、医学三大领域的学术出版市场规模达到 280 亿美元,近两年受全球疫情的影响有所收缩,预计 2023 年会再度恢复到 280 亿美元。

近年来,随着中国在科研领域的投入迅速增加,中国发表论文的年度数量达到 50 万篇,已经跟美国相当,稳居世界前二。进入世界学科前列的中国科技期刊数量逐渐增加,也成长出了全球最大的中文数据库——中国知网(CNKI):文献总量超过 2 亿篇,覆盖 95% 以上正式出版的中文学术资源。

学术出版巨头的贡献是，为学者打造荣誉分级体系，建立学术秩序，指引科研方向，提高科研效率。因而顶级的学者愿意免费给期刊审稿，普通学者愿意放弃版权投稿。但高昂的费用，霸道的定价和捆绑销售，不透明的同行评议制度，也引发了科研领域对垄断巨头的强烈诟病。曾有一万多名科学家在网站上公开联名抵制学术出版商，大学图书馆因出版商每年涨价，减少或取消数据库订阅服务，最极端的方式是 Alexandra Elbakyan 创办了 Sci-Hub 网站向大家免费共享各大出版商的学术资源。这些行为都是减轻学术垄断压迫的短期手段，从可持续发展的长远角度来看，我认为学术出版有下面的发展趋势或需求。

第一，代表未来的开放获取出版方式。

开放获取（Open Access，OA）采用作者付费出版、读者免费获得、无限制使用的运作模式，论文版权由作者保留。在论文质量控制方面，与传统期刊类似，采用严格的同行评审制度。

学术出版商收入的六七成来自期刊（数据库）的订阅。开放获取模式在显著降低学者使用负担的前提下，维护了学术秩序，保证了学术出版的长远发展，很可能会成为未来主流的学术出版方式。目前开放获取出版远远超过常规出版的增长速度，全球已经有 30% 的研究文章是以 OA 方式出版的。我在引进计算机外版图书的过程中，也已经不止一次遇到 OA 版权的图书，好处是显而易见的，节省掉了授权费用。

第二，数字化和流媒体。

在过去的 20 年中，美国大学的预算增长了大约一倍，但大学图书馆的预算几乎没有增长，在新冠肺炎疫情严重的 2020 年，75% 的学术图书馆还受到了预算削减的影响。但电子书的支出在 2020 年首次超过了印刷书，预计 2025 年电子书的支出将达到印刷书的两倍。另外，流媒体的增长趋势比较明显，预计会达到与印刷书相当的份额。

第三，需要强大的国内学术出版集团。

欧美国家基本掌握了全球87%的学术出版市场份额。虽然亚洲贡献了全球三分之一的科研投入和四分之一的论文产出，但没有一家学术出版巨头的总部设在亚洲。亚洲最大的学术出版社是新加坡的世界科技出版公司（WSPC），每年出版约100多本杂志和500多本书。我国急需一家具备国际影响力，能够独立在全球市场生存，引领国内的学术期刊"走出去"，获取全球学术出版利润的出版社集团。

第四，学术出版的大众化。

学术出版通常是一种学术成果的展示与交流，不需要接受市场的检验。俗话说，看不懂的是学术，看得懂的是科普。但尖端前沿技术和读者大众之间的鸿沟并非不可逾越。IT的图书的出版市场，就是随着新技术的普及推动而呈现出一个个小的繁荣期。比如，近年来依次火热的区块链、人工智能、元宇宙，最初都诞生自学术领域。它们随着"AlphaGo大战李世石""比特币""元宇宙视频"等热点事件在大众视野爆火，其图书市场的表现，均已跻身热门大众图书前列。我是计算机外版图书编辑，16年之前与学术出版社打交道的频次并不高。但近年来随着AI和数据科学图书引进的增多，购买学术出版社的版权数量明显增加。

传统出版行业受网络和流媒体的冲击，图书销售额逐年下滑，呈现出了"夕阳产业"的景象。反观全球学术出版的市场规模很大，并且逐年稳步增长。根据STM（科学+技术+医学）的行业协会报告，这三个领域的学术出版市场规模大约在270亿美元。据估计，全球学术出版市场规模可能在500亿美元以上，远远超过国内100多亿美元的图书零售市场规模。而且全球学术出版巨头的利润率高达37%，超过了头部互联网企业谷歌20%左右的利润率。

近年来，我国的科研投入和产出增长率保持了全球最高水平，学术出版的数量和影响力都排名世界前列。从市场规模、出版利润和学术代言的角度，都迫切需要国内发展出世界级的学术出版集团。国内编辑作为图书出版的从业者，日常进行的学术专著出版，多是带有项目或教学经费支持而忽略市场因素的小众出版。借鉴"应用"和"科普"的思路，也可以在传播学术的同时，将学术出版大众化和市场化。

——王军，清华大学出版社图书编辑

进入21世纪，学术出版成为绝大多数专业出版社和众多综合出版社的必有业务板块。一方面，出版社在学术出版积累了稳定的作者队伍，他们在专业领域的研究、前瞻和实践，具有权威性和专业性，是出版社做好专业出版必不可少的作者资源之一；另一方面，学术出版带来的资助款，带来稳定而确定的现金流，成为出版社整体平稳运营的重要保障之一。

目前，大多数出版社都在寻求一条兼顾可持续发展、快速发展和高质量发展之路，这样的目标压力下，学术出版的盈利能力成为出版社必须客观评估的重要数据，学术出版的发展成为出版社必须审慎而准确地分析的重要工作。当我们将目光聚焦高质量发展，若使学术出版也走上高质量发展之路，必须聚焦各出版社的专业出版领域，聚焦研究成果较为集中的重点领域，聚焦学术研究最新成果，聚焦学术研究的领军学者，没有聚焦就没有专业化学术出版的突破，没有聚焦就培养不出专业化编辑队伍，没有聚焦就无法取得某领域领军学者的信任，使他们将最新成果汇聚起来，积累起来，形成规模，最终形成高质量的学术出版品牌。

——崔姜薇，中国经济出版社教育教材分社社长我们近两年有幸深度融入并参与了一些国家一流专业和国家一流课程的建设工作，其中不乏新形态出版物相关的工作，结合我们的粗浅经验，这里对学术图书的数字化出版工作浅谈一二。

一、数字出版可以解决学术出版的经费短缺和出版社经济效益较低的核心难题。数字化既不存在最低印刷数量的要求，还化解了库存和发行成本较高和发行量较小的矛盾。同时，由于数字化的互动性强，作者和出版社可以随时收集读者，尤其是专家、同行的建议、意见和反馈，不但可以提升学术研究的价值，更重要的是数字化的出版物可以非常轻松的实现版本的更替。

二、文本数字化和富媒体的融合显然不足以支撑出版物数字化转型和升级的重任。数字化出版的技术层面至少要实现富媒体的拓展融合（如静态图片的不断拓展呈现、动画视频的合理应用和灵活观看）、超链接（如文内注释、互联网链接、文内跳转）、交互设计（如标注、备忘、笔记、问答、交互式测试题等）和教学设计的深度融合，同时实现各类移动终端的版式（包括文字、表格、图片、公示等的混合排版）自动适配。

三、知识产权的保护和图书的发行相辅相成：数字化图书建设最重要的就是尊重他人的知识产权，同时也要保护自己的劳动成果。因此，我们强烈建议优秀学术图书作者通过出版社做数字出版的产权保护。借助优秀学术图书的不断发行和应用反馈、作者获得的版税等不断提升学术图书质量，并形成学术图书数字化建设的正向循环。

——杨东晓，北京依云科创教育科技有限公司

附录 C　学术图书质量评价指标

学术图书出版能够放大学术交流效应,是推动融合创新和高质量发展的重要途径之一。那么,作为出版社的策划编辑和责任编辑,如何构建学术图书质量评价指标,是一个值得广大出版社同人探索和思考的问题。下面摘选 2018 年社会科学文献出版社出版的《学术出版研究:中国学术出版能力评价》相关信息,以此为例,抛砖引玉,以供相关专家和学者参考借鉴,一起探索如何构筑学术图书质量评价指标。

1. 学术图书质量评价指标构念

指标类型	一级指标	二级指标
核心性指标	内容质量	选题质量
		创新性
		科学性
		前沿性
		结构布局
		学术价值
基础性指标	规范性	注释
		参考文献
		索引

续表

指标类型	一级指标	二级指标
技术性指标	规范性	编校质量
		印装质量
结果性指标	影响力	书评
		引用率
		获奖情况
		馆藏量和借阅量
		销量和重印率

注：本表来源于 2018 年社会科学文献出版社出版的《学术出版研究：中国学术出版能力评价》一书，第 85 页。

2. 基础性研究类学术图书评价指标设计

指标类型	一级指标	二级指标	三级指标	指标解释
核心性指标	内容质量	选题质量	选题来源	选题是否为国际前沿问题、国家重大问题或国家级立项课题
			选题的价值与意义	研究内容是否具有一定的理论和现实意义
			选题的复杂程度	学科是否基础薄弱、理论难点是否多、研究问题是否复杂
		科学性	研究方法的科学性	对大量文献进行分析时，研究方法是否科学可行
			内容框架合理性	内容框架是否合理、逻辑性是否强、对研究问题阐述是否全面
			数据资料的科学性、准确性	文献资料是否准确、系统
			成果结论的科学性	研究结论是否建立在大量的文献研究与实证检验的基础上，结论是否具有可操作性和可实施性
			知识系统的完备性	知识结构是否系统、完备

续表

指标类型	一级指标	二级指标	三级指标	指标解释
核心性指标	内容质量	创新性	研究方法的创新性	研究方法是否有所创新
			研究结论的创新性	研究结论是否有所创新
			研究理论的创新性	是否创立了新理论、是否填补了学科空白或在原有学科基础上有所突破
		前沿性	本领域学术前沿问题	是否对本领域的学术前沿问题进行阐述
			社会关注的热点问题	是否对社会的热点问题进行关注
		价值	学术价值	对本学科建设的贡献程度
基础性指标	规范性	体例规范	注释	注释的准确性、规范性、完备性
			参考文献	参考文献的准确性、规范性、完备性
			索引	索引的准确性、时效性、规范性
结果性指标	影响力	同行指标	书评	由专家在权威性刊物上进行评价（参考）
			引用率	理论、观点、方法被其他成果引证的次数
			获奖情况	获国家或省部级奖项的次数
				获学会奖项次数
			馆藏量	图书馆的馆藏量
			借阅量	图书馆的借阅量
		出版指标	重印率	在出版后重印的次数
			销量	在出版后总的销售数量

注：本表来源于2018年社会科学文献出版社出版的《学术出版研究：中国学术出版能力评价》一书，第90-91页。

3. 应用性研究类学术图书评价指标设计

指标类型	一级指标	二级指标	三级指标	指标解释
核心性指标	内容质量	选题质量	选题来源	选题是否为国际前沿问题、国家重大问题或国家级立项课题
			选题的价值与意义	研究内容是否具有一定的理论和现实意义
			选题的难易程度	资料收集的困难程度，调研规模
		科学性	研究方法的科学性	对大量数据资料进行分析时，研究方法是否科学可行
			内容框架的合理性	内容框架是否合理，逻辑性是否强、对研究问题阐述是否全面
			数据资料的科学性、准确性	资料和数据是否科学、准确
			成果结论的科学性	研究结论是否建立在大量的文献研究、实验研究、调查研究或实地研究的基础上，结论是否具有可操作性和可实施性
			知识系统的完备性	知识结构是否系统、完备
		实证性	实证研究过程的严谨性	通过对研究对象进行大量的观察、实验和调查获取数据并得出对策建议
			数据的原创性	引用数据、资料的原创性，资料的准确、充实性
			数据的时效性	引用数据、资料的时效性
			数据的充分性	数据资料是否充分、是否有广度和深度、是否具有代表性

续表

指标类型	一级指标	二级指标	三级指标	指标解释
核心性指标	内容质量	实证性	论证的严密性	论证严密,是否具有很强的可操作性
		创新性	研究方法的创新性	研究方法是否所创新
			研究结论的创新性	研究结论是否有所创新
		前沿性	本领域学术前沿问题	是否对本领域的学术前沿问题进行阐述
			社会关注的热点问题	是否对社会的热点问题进行关注
		应用性	对策建议的针对性	是否提出了符合实践的富有指导作用的思路和对策
			影响的广度和深度	是否取得了良好的、比较大的社会影响力
			问题的解决程度	对解决重大理论或现实问题是否具有推动作用
基础性指标	规范性	体例规范	注释	注释的准确性、规范性、完备性
			参考文献	参考文献的准确性、时效性、规范性
			索引	索引的准确性、规范性、完备性

续表

指标类型	一级指标	二级指标	三级指标	指标解释
结果性指标	影响力	同行指标	书评	由专家在权威性刊物上进行评介（参考）
			引用率	理论、观点、方法被其他成果引证的次数
			获奖情况	获国家或省部级奖项的次数
				获学会奖项次数
			馆藏量	图书馆的藏书量
			借阅量	图书馆的借阅量
		出版指标	重印率	出版后重印的次数
			销量	出版后总的销售数量
		咨政性	被政府部门采纳的级别	被何种级别的部门采用
			被政府部门采用的方式	决策采纳的方式：刊物转载、论文引用或政策转化
			被政府部门采用的程度	是全部还是局部、效果及社会反映等

注：本表来源于 2018 年社会科学文献出版社出版的《学术出版研究：中国学术出版能力评价》一书，第 92-93 页。

后　记

本书的写作是一种经历。

对我而言，这是一种在广阔的知识迷宫中探险的经历。迷宫中有我进入时未曾想见的重叠路径与绚丽风景，每一条路都可能通往出口，也都可能导向新的未知。迷宫中有前人留下的指引，而我被告知，走出迷宫时，要尽力为我所通过的路径留下新的路标。又一个不眠之夜后，我终于站在了迷宫的出口，此刻的心情，五味杂陈。

2001年7月16日，我大学毕业，怀着对新闻出版事业的无限热爱，加入了电子工业出版社通信与电子事业部，从事相关学术图书出版工作。到今天，快21年了。这期间，我经历了很多，从一名助理编辑成长为编辑室副主任（主持工作），到辞职东渡日本学习前沿科技，在Oracle、NTT Data、中国电信云计算公司、日立解决方案等多所世界500强企业，从事软件研发、市场运营等工作，通过日常工作中微博分享结交全球技术好友，作为译者翻译专业图书和CNCF K8S官方技术文档，我开始思维从一个学术（专业）图书编辑，到一个学术（专业）作者/译者/读者的思维转变。常常在想，什么样的学术图书才是好书，什么样的书才能真正推动中国科技实力的进步，加强中国科技在国际学术交流上的话语权。机缘巧合下，我又重新回到了电子工业出版社工作。很高兴的是，我继续从事的还是学术图书出版工作。这时，整个图书出版行业的宏观环境已经发生变化。

在重新回归电子工业出版社的几年里，我继续执着于学术图书出版的研究。回首工作的21年里，以及在这期间北京大学新闻传播学院求学、社科院在职产业经济学博士考试（被录取，未上）的经历，我变化和成长了很多。转眼间，我对中国学术图书出版的阶段性研究也即将画上句号，《中国学术图书出版研究》这一本书也即将被呈现在各位读者面前。

想来，人生就是一个不断圆梦的过程，能圆多少梦要看自己付出多少努力。在这个过程中，所有帮助过我、给我教诲、给我辅导的老师和朋友，我都怀着一颗感恩的心致以最真诚的谢意。

感谢电子工业出版社原社长文宏武老师。2004年，在他的信任和鼓励下，我被调派参与电子工业出版社专业出版战略研究小组的工作。正是在那个时期，我多方调研，开始收集资料，才有了创作本书的想法。

感谢我的导师、北京大学谢新洲教授。感谢他将学术研究与思考的魅力展现在我面前，并引领我看到更为广阔的学术视野空间。感谢他在周末百忙之中，屡次抽空指导我对本书的创作，严格要求和鞭策、鼓励我完善图书的内容，并且提供了很多宝贵的建议。

感谢中国编辑学会会长郝振省老师。在他的鼓励和支持下，才使我有了坚持完成这本书的创作的动力。感谢郝老师亲自赠送他主编的《中国近代编辑出版史》，让我学习到很多新知识，并且提醒我要坚持完善本书，适时改版。

感谢电子工业出版社王传臣社长、刘九如总编辑，专业出版中心徐静副总编。正因为有了他们的首肯，我才能重新回归电子工业出版社，也才有了这本书持续的素材积累。

感谢中国商业出版社黄世嘉编辑，以及这本图书从选题立项到顺利出版相关流程的所有人。正是有了他们在各方面给予的中肯建议和指导，才使这本倾注我心血的图书能得以顺利面世。

更要感谢的是在图书写作过程中，无数的学术出版同行、读者、作者。您们部分的留言和精彩的建议，已经被本书的附录B《学术图书出版面面观》收录。感谢您们以智慧和经验，提醒我注意那些模糊的路标，使我得以避免可能的歧途，在我自以为了然时将我的思考推向深入，并在我迷茫时一直鼓励我继续坚持。遗憾的是，每次醍醐灌顶的启发，木讷的自己甚至连反馈都很"吝惜"，好在来日方长，改正的时间还有……

感谢电子工业出版社。学术图书出版工作经历，让我有太多的困惑和感悟，从而启发了我执着于学术图书出版的研究。工作实践中的点滴积累，也为本书的创作积累了源泉。

感谢我遇到的北京大学新闻传播学院每一位老师和每一位同学，因为能与他们同行，才有了许多的思想碰撞。他们的智慧、洒脱和每一次课堂的精彩讨论，对我而言都是一种丰富。

感谢我的家人，您们的默默关注和真诚劝慰，才让我的创作坚持下来。我成长道路上所取得的每一点成绩，都有您们广博无尽的爱的支撑。

感谢我的人生经历，给了我许多提升的空间，让我思考更多的问题。不管是在工作上，还是在心智上，都比以前更加成熟。

在本书的撰写过程中，学习和引用了学界大量的优秀的研究成果，最后，谨向这些优秀的学术成果的作者表示最衷心的感谢。

谨以这本尚不完善的图书，献给我正在从事的学术图书出版事业。

刘志红
2022 年 4 月 5 日